NOTICE

SUR M. LE COMTE

LOUIS

DE SAINTE-AULAIRE

Paris. — Imprimerie de Firmin Didot frères, fils et Cie, rue Jacob, 56.

NOTICE

SUR M. LE COMTE

LOUIS

DE SAINTE-AULAIRE

PAIR DE FRANCE

AMBASSADEUR A ROME, A VIENNE ET A LONDRES

DE L'ACADÉMIE FRANÇAISE

PAR

M. le Baron DE BARANTE

DE L'ACADÉMIE FRANÇAISE

Est autem amicitia nihil aliud nisi omnium divinarum, humanarumque rerum cum benevolentia et caritate summa consensio ; qua quidem haud scio an, excepta sapientia, quiquid melius homini sit à diis immortalibus datum.

CICÉRON.

PARIS

LIBRAIRIE DE FIRMIN DIDOT FRÈRES, FILS ET Cie,

IMPRIMEURS DE L'INSTITUT

RUE JACOB, N° 56

1856

NOTICE

SUR M. LE COMTE

LOUIS DE SAINTE-AULAIRE

La famille de Beaupoil de Sainte-Aulaire est originaire de Bretagne. Par suite des relations qui unissaient cette province à l'Angleterre, plusieurs seigneurs de Beaupoil furent au service des rois d'Angleterre : sir Robert Beaupoil était amiral d'Édouard III.

Guillaume de Beaupoil ayant pris parti pour la comtesse de Penthièvre contre le duc de Bretagne, ses biens furent confisqués. La comtesse était aussi dame de la vicomté de Limoges; elle y appela Guillaume de Beaupoil et lui donna la seigneurie de Sainte-Aulaire.

Ses descendants eurent une position considérable en Limousin et en Périgord. Un d'entre eux épousa

Marguerite de Bourdeille, de la même famille que Brantôme.

A la fin du xviie siècle on trouve les seigneurs de Sainte-Aulaire dans les emplois éminents dans l'armée, dans l'Église et dans la diplomatie. — François-Joseph de Sainte-Aulaire, qui fut membre de l'Académie française, était gouverneur du Limousin et chevalier des ordres du roi. Son fils, maréchal de camp, fut tué à la bataille de Rupersheim, en 1709. — Martial de Sainte-Aulaire était évêque de Poitiers en 1710.

Louis de Beaupoil, comte de Sainte-Aulaire, naquit le 6 juillet 1778 au château de la Maucellière, près de Dol en Bretagne. C'était la demeure du comte Ranconnet de Noyan, père de la marquise de Sainte-Aulaire, sa mère, qui avait épousé l'année précédente le comte Joseph de Beaupoil Sainte-Aulaire, marquis de Fontenille. Ce fut là que se passèrent les premières années de l'enfance de M. de Sainte-Aulaire, parmi les gentilshommes bretons, qui continuaient à vivre dans leurs mœurs campagnardes avec une sorte d'indépendance, sans luxe, sans vanité de représentation, jouissant de l'aisance des propriétaires qui habitent leur manoir et leurs domaines, aimés des paysans, possédant leur confiance, leur donnant des conseils sur leurs affaires et leurs intérêts, tandis que la dame du château s'occupait de bonnes œuvres, soignait les pauvres et les malades et suppléait aux médecins, très-rares alors dans ces campagnes reculées.

Le père de M. de Sainte-Aulaire n'était point riche et se trouvait dans la position de presque tous les jeunes gens de sa condition, qui n'avaient point les faveurs de la cour ou la protection des hommes puissants. De temps immémorial les Sainte-Aulaire s'étaient ruinés au service, vivant avec des officiers plus riches qu'eux et dépensant fort au delà de leur revenu. Les choses en vinrent bientôt au point qu'une séparation de biens devint nécessaire. Les dettes furent payées, et Mme de Sainte-Aulaire, qui était venue à Montpellier pour sa santé, s'y fixa, pendant que son mari vivait en garnison avec son régiment.

Leur jeune fils reçut donc de sa mère les impressions du jeune âge; il fut élevé par ses soins, et elle prit sur son esprit et ses sentiments une influence qui a duré pendant toute leur vie; car il ne lui a survécu que de quelques semaines. On ne peut parler de lui sans parler de sa mère, et on le connaîtrait mal si on ne la connaissait pas.

Son père, le comte de Noyan, avait été page de Louis XV; blessé à la bataille de Lawfeldt, il avait quitté le service et avait épousé sa cousine, mademoiselle d'Aydie. Ce mariage n'avait pas eu l'assentiment de sa mère; elle était veuve et avait toujours habité la Bretagne; son mari avait été compromis dans la conspiration des gentilshommes bretons contre le gouvernement du Régent, et des poursuites furent exercées contre lui; sa veuve en conservait une vive rancune contre la cour, et ce lui fut un sensible chagrin de voir son fils épouser une nièce de M. de Rioms. Cependant elle s'apaisa et se chargea de l'éducation de sa petite-fille, Egidie de Noyan; elle fut donc élevée en Bretagne, au château de la Mancelière. Elle était jeune encore lorsque survinrent

les querelles du duc d'Aiguillon avec la noblesse et le
parlement de Bretagne. M. de la Chalotais était oncle
de M. de Noyan; sa mère et lui étaient, par parenté et par
opinion, dévoués à cet illustre magistrat; ils s'associèrent à tout ce qui fut tenté pour le défendre contre les
procédés arbitraires et tyranniques auxquels il fut en
butte, et vinrent à Paris pour s'employer avec courage
et activité à la délivrance du procureur général.

Mademoiselle de Noyan fut ainsi élevée dans la tradition et l'exemple de l'indépendance bretonne; elle avait,
par la naissance et par l'éducation, la hardiesse de volonté et l'implacable obstination caractères distinctifs de
cette énergique race.

Quelque temps après que mademoiselle de Noyan eut
épousé M. de Sainte-Aulaire, les relations du père avec
la fille devinrent difficiles : ni l'un ni l'autre n'avait le
caractère conciliant. Ils se séparèrent; ce fut alors qu'elle
alla habiter Montpellier. Après une réconciliation et un
séjour de peu de durée en Bretagne, Mme de Sainte-
Aulaire vint s'établir à Paris, surtout dans l'intérêt de
son fils, dont elle voulait surveiller l'éducation. Elle n'a-
vait qu'un très-modique revenu; il lui fallait vivre avec
une économie qui s'accordait mal avec sa position. En
ce moment personne de son nom n'avait d'importance à
la cour; mais, à des époques récentes, sa famille y avait
tenu son rang, occupé des emplois considérables et con-
tracté de grandes alliances. Quant à M. de Noyan, il
venait de passer quelques années à Paris sans chercher
à s'y faire une situation; il s'était livré à ses goûts ou
plutôt aux diversités de son imagination, s'occupant de

sciences et de philosophie, qu'il combinait avec une piété
sincère et mystique. C'était alors la mode du magné-
tisme et de Mesmer, et il s'en était épris avec enthousiasme. Ce penchant aux nouveautés ne le rendit pas
favorable aux opinions qui allaient amener la Révolution;
non pas qu'il fût hostile aux opinions libérales, mais il
voulait les libertés de la Bretagne plus que la liberté de
la France, et se plaça de bonne heure dans une opposition qui précéda même les états généraux, car la noblesse bretonne ne voulut pas y être représentée et refusa d'envoyer des députés.

Mme de Sainte-Aulaire resta à Paris ; son fils fut placé
d'abord au collége Louis-le-Grand, puis fut externe
au collége Mazarin. Sa mère attirait chez elle des hommes
distingués dans les sciences et les lettres ; M. de Villoi-
son, l'abbé Brotier, M. Bouvard se plaisaient à exciter
dans le jeune écolier le goût de l'instruction et de l'étude
et l'amour-propre de l'esprit. Il croissait ainsi dans une
atmosphère qui lui inspirait le désir et l'habitude de
vivre dans la région de l'intelligence.

Mais il recevait en même temps d'autres influences
qui, tout jeune qu'il était, avaient encore plus d'action
sur ses idées, sur son imagination, sur son caractère.
La France était en pleine révolution ; aux tumultes populaires avaient succédé les discussions de l'Assemblée
constituante. La liberté, installée par la journée du 14
juillet, mettait en question non-seulement les institutions
politiques, mais la constitution sociale. Mme de Sainte-
Aulaire voyait habituellement des membres du côté droit;
M. de Foucauld, le comte de Périgord, l'abbé Maury

étaient souvent chez elle. Le parti royaliste de l'Assemblée constituante ne combattait pas pour la défense du
despotisme : la plupart de ceux qui le composaient
avaient hautement professé des opinions libérales avant
la convocation des états généraux ; maintenant ils résis-
taient aux attaques dirigées contre les droits et la position de la noblesse ou du clergé, les regardant comme
inséparablement unis aux formes de la monarchie, dont
ils voulaient être seuls le contre-poids et le soutien.
Cette cause était difficile à défendre, car jusqu'ici les
ordres privilégiés, et même les parlements, avaient plus
d'une fois combattu le pouvoir royal et lui avaient fait
obstacle ; mais leur opposition n'avait jamais été une
garantie des intérêts nationaux et des droits civiques.
C'était même parce qu'ils avaient entravé la bonne volonté de Louis XVI par des intrigues de cour ou des
résistances parlementaires que les réformes désirées et
tentées par l'autorité royale n'avaient pu s'accomplir, et
qu'une révolution était venue mettre la main à l'œuvre.
Toutefois, au lieu d'établir seulement l'égalité devant la
loi et d'instituer une représentation nationale associée,
par voie de délibération, au gouvernement de l'État,
l'esprit révolutionnaire dépouillait le pouvoir monarchique d'attributions indispensables pour le maintien de
l'ordre public. Confondant les priviléges avec des droits
privés, il attentait à la propriété et exerçait un pouvoir
arbitraire et absolu sur une classe de citoyens traités en
vaincus.

Ainsi les royalistes de l'Assemblée constituante avaient
souvent occasion de parler au nom de la justice, de dé-

plorer les désordres qui troublaient la paix publique, de porter des accusations raisonnables contre une tyrannie exercée au nom du peuple, et de prédire qu'elle deviendrait de plus en plus inique et violente.

Tel était le thème des conversations qu'un écolier de treize ans écoutait curieusement dans le salon de sa mère. Ainsi se formaient en lui l'aversion des iniquités et des séditions populaires, le culte de l'ordre et de la justice, mais en même temps le goût d'une forme de gouvernement où les droits de tous et la conduite des affaires publiques pourraient être discutés en liberté, où se développeraient noblement le caractère et le talent. Pour M. de Sainte-Aulaire et ceux de ses contemporains placés de manière à assister de près à ce spectacle, ce n'étaient pas encore des opinions, mais des impressions qui ne devaient pas s'effacer. Ainsi se formait une génération qui apprenait à ne point partager les illusions de 1789, qui ne regrettait point l'ancien régime qu'elle n'avait point connu ; qui demeura étrangère à la démence et aux excès des seconds révolutionnaires ; qui détesta la tyrannie démocratique et devait plus tard essayer une conciliation entre l'ordre et la liberté.

Le père de M. de Sainte-Aulaire avait émigré. L'embarras de fortune où il laissait sa femme et son fils était presque devenu une gêne. Elle retourna en Périgord pour sauver quelques débris ou les dérober au séquestre que prononçaient les lois rendues contre les émigrés, et que les autorités locales appliquaient souvent sans égard pour des droits incontestables ou des contrats légitimes; puis elle revint à Paris, toujours avec son fils. Elle s'y

trouvait, après le 10 août, logée ou plutôt cachée dans
un modeste appartement, rue des Marais, d'où elle put
entendre les cris des prisonniers qu'on égorgeait dans
la prison de l'Abbaye. Parmi ces victimes, Mme de
Sainte-Aulaire comptait beaucoup de parents et d'amis.
L'abbé de Sainte-Aulaire et l'abbé de Rastignac, qui lui
tenaient de près par des liens de famille, furent massacrés; Mme de Fars, nièce de l'abbé de Rastignac, fut mira-
culeusement sauvée par un artisan, garde national, qui
prit pitié d'elle et la conduisit chez Mme de Sainte-Aulaire. Cet homme n'était point cruel : il venait de prouver, et même avec courage, son humanité; il raconta
pourtant sans nulle émotion les affreux détails du massacre où il venait d'assister à la tête de sa compagnie.
On lui demanda comment il avait pu accepter cette horrible mission. — « La garde nationale, répondit-il, est
instituée pour maintenir l'ordre public. Les prisonniers
auraient pu se révolter. » — Cette stupide obéissance à une
autorité quelconque explique comment put s'établir le
régime de sang qui commençait et devait se prolonger
pendant deux années. Peu de jours après, Mme de Sainte-
Aulaire retourna en Bretagne chez son père.

Il n'avait pas voulu émigrer; comme beaucoup de
gentilshommes de sa province, il avait conçu le projet
et l'espoir de résister à l'autorité révolutionnaire, et de
faire, s'il le fallait, une guerre civile. Cette disposition
de la noblesse, et même d'une partie de la population
des campagnes, ayant été connue des chefs de l'émigration, le marquis de la Rouarie fut, au commencement de l'année 1792, envoyé en Bretagne par les

princes, muni de leurs pouvoirs et de leurs instructions, afin de donner plus d'ensemble et de développement aux projets d'insurrection. M. de la Rouarie s'acquitta de sa mission avec une grande activité; il parcourait le pays, allait de château en château, provoquait des réunions de gentilshommes, proposait et faisait adopter des plans d'organisation, dressait des listes et réunissait des signatures. Il reçut un accueil hospitalier chez M. de Noyan, qui donna volontiers son assentiment aux desseins de la Rouarie.

Les conjurés et leur chef avaient beaucoup d'illusion et d'imprudence. Tout ce travail de conspiration n'avait encore amené nul résultat, lorsqu'après le 10 août et le 21 janvier, qui n'avaient déterminé aucun mouvement d'insurrection en Bretagne, M. de la Rouarie mourut d'une fièvre ardente au château de la Guyomarais, près de Lamballe. Son corps fut enseveli pendant la nuit dans le parc, car on ne pouvait déclarer son décès sans donner connaissance de sa mission. L'entreprise ne présentait plus aucune chance de succès; on y renonça, et chacun ne songea plus qu'à faire disparaître les traces de cette conspiration. Les papiers de la Rouarie furent enterrés dans le parc d'un autre château; mais depuis longtemps la police avait des agents parmi les conjurés et n'ignorait pas leurs secrets. Le corps de là Rouarie et ses papiers furent exhumés.

Un grand nombre d'arrestations furent faites, et plusieurs inculpés furent envoyés à Paris pour être jugés au tribunal révolutionnaire. M. de Noyan, d'abord arrêté à Dol, avait été conduit à Rennes. Sa fille produisit des certificats de médecins qui constataient que le prisonnier était trop malade pour supporter les fatigues de la route. On était alors au mois de juin 1793 ; le régime de la Terreur n'était pas encore complétement établi. La guerre civile avait éclaté dans la Vendée ; les Girondins essayaient de soulever la Normandie ; Lyon était en révolte contre la Convention ; on pouvait s'attendre à voir d'autres provinces se joindre à ces rébellions, de sorte que les autorités locales n'avaient pas encore le zèle auquel bientôt elles allaient être condamnées. Ceux que menaçait la vengeance révolutionnaire pouvaient, à ce moment, trouver une protection timide, qui ne leur promettait point la sécurité, mais laissait espérer quelque délai. Mme de Sainte-Aulaire n'épargna ni soins, ni démarches, ni supplications pour sauver son père ; obstinée dans ses prières, elle savait dompter la fierté et l'irritabilité de son caractère, ne demandant point la justice, mais implorant la pitié, tandis que M. de Noyan s'indignait de voir sa fille s'abaisser devant des gens qu'il détestait ou méprisait, et dont il ne comprenait point qu'elle pût supporter la grossière rudesse. Il était aimé et respecté dans le pays, ce qui donnait à Mme de Sainte-Aulaire quelque chance de réussir dans sa pieuse activité.

Le procès des premiers accusés fut jugé au mois de juin 1793 au tribunal révolutionnaire ; onze furent condamnés à mort et exécutés ; un pareil nombre fut acquitté : à cette date les acquittements n'étaient pas encore impossibles. Dans l'intervalle qui sépara le 31 mai de la prise de Lyon, avant la mort de la reine et la condamnation des Girondins, le tribunal révolutionnaire conservait encore quelque forme de procédure.

M. de Noyan était resté en prison à Rennes; au commencement de septembre Carrier y arriva; dès lors personne n'osa plus avoir ni modération, ni humanité. Il se rendit dans la prison où M. de Noyan malade était enfermé; sans respect pour sa position et son âge, il le traita avec une violence injurieuse, présage de la féroce démence qui allait signaler sa mission à Nantes. Il ordonna que M. de Noyan, qui était maintenant le citoyen Ranconnet, fût transféré à Paris. Ce fut un rude et dangereux voyage: Mme de Sainte-Aulaire obtint encore que son père ne serait pas mis sur une charrette; comme il était réellement malade, il suivait dans une voiture le convoi des prisonniers, qu'escortait la gendarmerie, et ce reste de distinction aristocratique suscitait, dans quelques-unes des villes de la route, les clameurs et les menaces d'une populace enivrée par les déclamations du club.

Enfin M. de Noyan arriva à Paris. Il fut conduit à la Conciergerie : c'était dans cette prison qu'on entassait les suspects destinés à comparaître prochainement devant le tribunal révolutionnaire, « pendus au croc sanglant du charnier populaire, » comme disait André Chénier.

L'active et habile persistance de Mme de Sainte-Aulaire ne se décourageait jamais. Elle entreprit de tirer son père de la Conciergerie. D'abord elle s'adressa à Gohier, ministre de la justice; avocat à Rennes du temps de M. de la Chalotais, il avait conservé beaucoup de respect pour la famille de cet illustre magistrat et surtout pour M. de

Noyan ; sa fille fut accueillie avec une grande bienveillance. Lorsqu'il sut le danger que courait son père, il
s'attendrit jusqu'à verser des larmes ; mais cette compas-
sion n'allait pas jusqu'à se compromettre ; la Terreur pe-
sait aussi sur lui. Il renvoya Mme de Sainte-Aulaire à Fouquier-Tinville, et offrit pourtant d'attester que Rauconnet
avait été, ainsi que lui, un bon républicain sous l'ancien
régime.

Elle se présenta donc devant le terrible accusateur
public au tribunal révolutionnaire ; Gohier lui avait en
effet parlé, et il la reçut sans trop de brutalité. — « Ton
père est malade, dit-il, et tu voudrais qu'il ne fût pas à
la Conciergerie. Où veux-tu donc que je le mette ? Va
voir s'il y a de la place à l'Abbaye. » — Elle y alla, et le
concierge répondit que sa prison était remplie. .

On lui avait donné une lettre de recommandation
pour un avocat qui avait défendu quelques-uns des accusés de la conspiration de la Rouarie et qui avait réussi
à les sauver. Il était en relation assez intime avec Fouquier-Tinville et répondit sans détour qu'on ne devait
pas compter qu'il ferait sortir M. de Noyan de la Conciergerie pour des compliments ; mais que si, se confiant
à lui, elle lui remettait 6,000 fr., il les porterait à Fou-
quier et qu'il en espérait un bon effet.

Ce fut ainsi que Mme de Sainte-Aulaire obtint que son
père fût détenu, non pas dans une prison, mais dans
une maison de santé. Le directeur de cet établissement
était en rapport avec plusieurs membres du comité de
sûreté générale, et les pensionnaires ou leur famille pouvaient racheter, à prix débattu, en traitant avec les inter-

médiaires de cet infâme commerce, non point la liberté, mais une vie provisoire et sans garantie. Il y en avait d'autant moins pour M. de Noyan qu'un danger imminent était suspendu sur sa tête. Son nom avait été compris dans l'acte d'accusation de la procédure suivie contre les complices de la Rouarie; légalement parlant, il était contumace. Après le jugement, toutes les pièces avaient été renvoyées au comité de sûreté générale; elles y étaient encore, et si M. de Noyan n'était pas appelé à purger sa contumace, c'est que le comité, ne manquant point de victimes, oubliait cette affaire. Rien à cette époque ne se faisait régulièrement, pas même le massacre juridique.

Un agent des comités de la Convention qui, dans une mission à Rennes, avait semblé prendre intérêt à M. de Noyan, aussitôt après son arrivée à Paris indiqua à Mme de Sainte-Aulaire le seul moyen de salut. Les membres du comité de sûreté générale l'avaient autorisé à retirer du dossier la pièce unique qui portât une signature de M. de Noyan et qui aurait rendu sa condamnation infaillible; le prix de 100,000 francs était demandé pour payer cette soustraction.

Mme de Sainte-Aulaire voyait bien que cette offre était en même temps une menace. Mais comment trouver 100,000 francs? Il ne lui en restait que 40,000, et M. de Noyan ne se souciait pas de ce marché; il n'avait pas confiance aux misérables qui le lui proposaient et ne voulait point se dépouiller de ses dernières ressources. Enfin il céda aux instances de sa fille; il avait 30,000 francs; et y ajouta toute son argenterie pour pareille somme.

L'agent du comité la prit au poids; mais, à l'insu de Mme de Sainte-Aulaire, quelques pièces étaient en plaqué; il s'indigna d'être ainsi trompé, et finit par s'adoucir en acceptant un engagement écrit pour la somme qui manquait au prix exigé. Ce billet fut payé lorsque la France était délivrée de la tyrannie sanglante du gouvernement révolutionnaire, lorsque l'homme qui avait passé ce marché était mort sur l'échafaud, ainsi que les membres du comité de sûreté générale à qui il servait de courtier. Mme de Sainte-Aulaire voulut être fidèle à sa signature, et se souvint combien elle avait été heureuse de rencontrer, parmi tant de barbarie, cette infâme vénalité.

Mais M. de Noyan ne fut pas mis en liberté; cela n'était pas et ne pouvait pas être dans les termes du marché : M. de Noyan ne l'entendait pas ainsi. Il n'y avait plus de preuves contre lui; il voulait être jugé, et se refusait à comprendre que le tribunal révolutionnaire n'avait pas besoin de preuves pour envoyer un accusé à l'échafaud. Sa fille ne put vaincre cet entêtement breton; elle retourna, et même deux fois, chez Fouquier-Tinville, qui s'étonna qu'un détenu lui reprochât sa lenteur; il finit par lui dire, avec un sourire qui la glaça d'effroi : — « Ranconnet s'ennuie donc beaucoup dans sa prison ? » — Elle se retira désolée et tremblante; heureusement Fouquier-Tinville oublia cette étrange sollicitation.

Mme de Sainte-Aulaire et son père avaient pu avoir un logement dans la maison de santé : ils y vivaient en très-bonne compagnie. Mme la duchesse d'Orléans fut

placée daus cet asile ; la duchesse de Gramont et la duchesse du Châtelet y demeurèrent tant qu'il leur resta de
quoi payer le prix de la pension. Enfermées dans une
autre prison, elles ne tardèrent pas à monter sur l'échafaud. Toute cette noble et élégante société vivait ainsi
au jour le jour, dans une insouciance frivole, courageuse contre le malheur et la mort en n'y pensant pas.
On riait, on jouait, on faisait de la musique, et pour
surcroît de distraction on y vit encore des actrices de
la Comédie française suspectes d'aristocratie.

Mme de Sainte-Aulaire, après avoir payé la rançon de
son père, était demeurée sans ressources. C'était en
s'imposant toutes les privations possibles qu'elle pouvait
payer la pension : encore s'efforçait-elle de les cacher à
M. de Noyan, qui ne pouvait se faire à sa ruine et oubliait sans cesse qu'il n'était plus dans l'opulence ; elle
n'en disait rien non plus à son fils, dans la crainte de
l'affliger et de l'irriter contre une si dure destinée.

« Un jour, raconte-t-il dans des notes qu'il a laissées,
je montais la rue de Charonne, quand je rencontrai ma
mère chargée d'un énorme paquet de linge sale qu'elle
emportait de la prison. Je ne pus me défendre de fondre
en larmes en la voyant plier sous ce fardeau. »

Le décret qui, au mois de mai 1792, enjoignit à tous
les nobles de sortir de Paris, mit le comble à leur malheur et à leur misère. Mme de Sainte-Aulaire alla se
loger à Vaugirard. Son fils avait réussi à se faire admettre comme élève des ponts et chaussées : il échappait
ainsi aux dispositions du décret comme attaché à un
service public. Il logeait rue Saint-Jacques ; l'École des

ponts et chaussées était rue Saint-Lazare ; la maison de santé était au bout du Faubourg-Saint-Antoine ; Mme de Sainte-Aulaire à Vaugirard ! — « Je m'épuisais, disent ses notes, à parcourir de telles distances, et les angoisses de l'esprit s'ajoutaient aux souffrances du corps. La perte de mes parents me semblait certaine. Bazire et Chabot, que nous ne connaissions pas, mais qui étaient les patrons de l'agent dont nous avions acheté les bons offices, avaient péri sur l'échafaud, et lui-même les avait suivis de près. Nous n'avions plus pour protecteurs que des subalternes sans pouvoir et sans courage ; ma mère n'était plus là pour soutenir leur bonne volonté. Chaque matin en m'éveillant je regardais la catastrophe comme infaillible ; il me paraissait probable que ma mère serait mise en prison, et le seul bon moment de ma journée était celui où, vers le soir, quand je venais passer quelques moments avec elle, je l'apercevais de loin à sa fenêtre, guettant mon arrivée. »

Enfin arriva le 9 thermidor. M. de Sainte-Aulaire, tout jeune qu'il était, servait dans la garde nationale ; il se trouvait à l'Hôtel de ville au moment où le gendarme Méda et Léonard Bourdon s'en emparèrent et firent triompher la cause de la Convention. Robespierre et Couthon furent emportés blessés, et Saint-Just fut emmené, à travers les rues, de l'Hôtel de ville aux Tuileries. M. de Sainte-Aulaire faisait partie de l'escorte qui le conduisait, sans qu'il fît aucune résistance, résigné et silencieux.

M. de Noyan fut bientôt après mis en liberté, et Mme de Sainte-Aulaire put rentrer à Paris. L'un et l'autre étaient complétement ruinés ; mais M. de Noyan, n'étant pas émigré, pouvait espérer que le séquestre mis sur les biens des suspects détenus serait bientôt levé, comme il le fut en effet. La position de Mme de Sainte-Aulaire était plus fâcheuse; elle ne pouvait réclamer que ses propriétés, et non celles de son mari. Des indivisions et des partages de famille où le fisc pouvait intervenir, comme ayant droit pour des émigrés, compliquaient encore les affaires. Elle se décida à retourner en Périgord, afin de s'occuper activement et par elle-même à reconquérir la part qui pouvait lui rester. Mais laisser à Paris son fils âgé de seize ans, quand toute discipline scolaire avait cessé, quand toute pratique de religion était interdite et supprimée sans que l'opinion du plus grand nombre en témoignât le regret, ni presque le souvenir ; quand n'existaient plus l'autorité et l'influence d'une société polie, où les convenances pouvaient du moins suppléer à la morale, c'était un grand chagrin pour cette mère pieuse et sévèrement morale ; elle lui fit promettre solennellement qu'il lui épargnerait une telle affliction, et que sa conduite serait toujours honnête et sage : cette promesse fut sincère et resta sacrée.

Même pendant les tristes jours où M. de Sainte-Aulaire était resté isolé entre son grand-père détenu et menacé d'une condamnation à mort et sa mère chassée de Paris, ses inquiétudes et ses chagrins ne l'avaient pas empêché de suivre assidûment les cours des ponts et chaussées ; il recueillit bientôt le fruit de ses travaux studieux.

Un des premiers actes de la Convention, lorsqu'elle fut délivrée de la tyrannie de Robespierre, fut la créa-

tion de l'École centrale des travaux publics, qui prit
plus tard le nom d'École polytechnique ; les examens
étaient alors loin de ce qu'ils sont devenus depuis : ils
comprenaient les éléments de l'arithmétique, de la géo-
métrie et de l'algèbre. Un élève des ponts et chaussées
avait, et au delà, les connaissances exigées. M. de
Sainte-Aulaire fut reçu, et comme les agents de l'administration n'avaient plus la même rigueur que trois mois
auparavant, on ne s'informa guère de son attachement
aux principes républicains, dont le texte de la loi faisait
une condition. — « Jamais, disait-il souvent en rappelant
les souvenirs de sa vie passée, jamais promotion à la
préfecture, à la pairie, aux ambassades, ne m'a donné
la joie de mon admission à l'École polytechnique. »—Il y
voyait l'espérance d'une carrière, une possibilité de
venir en aide à sa mère ; déjà même il ne lui serait plus
à charge puisqu'un traitement de 1200 fr. était accordé
aux élèves de l'École. Il y entra le 30 novembre 1794.

Mais, avant de la mettre en pleine activité, il était nécessaire de donner à un certain nombre d'élèves une instruction suffisante pour servir de répétiteurs aux autres ;
l'école devait être divisée par brigades de vingt ou vingt-
cinq élèves, et chacune aurait un chef qui surveillerait
et aiderait ses camarades dans leurs travaux. Ce fut dans
cette pensée que les professeurs, et ce n'était pas moins
que Monge, Laplace, Lagrange, Fourcroy, se livrèrent
avec un zèle extrême à l'enseignement de ces jeunes
gens, qui avaient encore plus d'ardeur à apprendre.
Les leçons étaient orales ; à peine les élèves avaient-ils
le temps de rédiger leurs cahiers, car il n'y avait pas en-

core de livres élémentaires, tant les sciences exactes et naturelles avaient fait de progrès et changé de face depuis dix ans. En trois mois, les chefs de brigade, choisis, il est vrai, parmi les élèves les plus distingués, furent mis en état de s'acquitter de leurs fonctions : tel fut le premier commencement de l'École polytechnique. Cet enseignement donné et reçu avec une précipitation qui ne nuisait point à sa solidité contribua puissamment à l'élan que prirent alors les sciences mathématiques et physiques : c'est ce qu'on nomma les cours révolutionnaires. M. de Sainte-Aulaire s'y trouva en communauté d'études avec des hommes qui allaient devenir des savants distingués. M. Biot est peut-être le seul qui survive.

Les habitudes studieuses et le désir d'apprendre qui s'emparèrent ainsi de M. de Sainte-Aulaire furent un préservatif contre les désordres de la jeunesse et vinrent en aide au tendre respect qu'il portait à sa mère, comme aussi au sentiment religieux qu'il avait au fond du cœur et qui, dans le cours de sa vie, a eu de plus en plus pouvoir sur lui.

Les élèves de l'École polytechnique n'étaient point alors casernés et se mêlaient souvent à cette jeunesse dorée, qui, d'abord, excitée par les conventionnels, poursuivait les jacobins, faisait fermer leur salle, brisait le buste de Marat et chantait le Réveil du peuple. Ils furent des premiers qui accoururent au secours de la Convention surprise par l'émeute du 12 germinal.

Quelques semaines après, M. de Sainte-Aulaire fut rappelé en Périgord près de sa mère, et s'absenta par congé.

Après l'intérêt qu'il avait porté à ses études et le mouvement politique qui animait Paris, la vie de province et de campagne l'ennuya et lui déplut ; au mois d'octobre 1795, il revint à l'École polytechnique, se remit au travail, et fut reçu, après examen, dans le corps des ingénieurs géographes.

Ce corps de nouvelle formation n'était pas encore organisé ; il alla retrouver sa mère. L'aspect de la France n'était plus le même que l'année précédente. Le Directoire succédait à la Convention, et, malgré sa bonne volonté de maintenir la tyrannie révolutionnaire en la faisant peser sur tous ceux qu'elle avait décimés et persécutés, il se trouvait dans les liens d'une constitution ; il lui fallait subir les libertés légales ; la presse était affranchie ; les opinions pouvaient parler. La réaction se faisait sentir aussi dans les mœurs. Les classes proscrites et opprimées ne se voyant plus menacées et opprimées, se croyant abritées par des garanties, cessaient d'être humbles et tremblantes ; beaucoup d'émigrés essayaient de rentrer ; les prêtres mêmes ne se cachaient plus. M. de Sainte-Aulaire retrouva donc le Périgord tout autre qu'une année auparavant. Les parents, les amis de sa famille reprenaient leur ancienne attitude et la considération dont ils jouissaient dans la province. La carrière d'ingénieur géographe ne lui paraissait plus aussi belle. — « J'apercevais, dit-il, et non sans quelque satisfaction aristocratique, que le jeune Sainte-Aulaire jouait en Périgord un tout autre rôle que le petit Beaupoil à l'École polytechnique. » — Sa mère n'était point d'avis qu'il persistât à suivre une carrière où il n'était pas appelé par une véritable vocation. Il revint à Paris avec elle en 1797.

La société des salons commençait à renaître. La jeunesse menait une joyeuse et frivole vie, sans souvenir du passé le plus récent, sans prévoyance de l'avenir, sans nul discernement des circonstances actuelles. Le 18 fructidor interrompit ce train d'amusements et de distractions.

Le Directoire, averti par le danger qu'il avait couru, essaya de maintenir sa dictature révolutionnaire par les moyens qu'avait employés la tyrannie des comités de la Convention; mais il ne pouvait ramener la Terreur, et réussissait seulement à livrer la France au désordre. Pendant l'époque qui précéda le 18 brumaire, la société aristocratique, sans se compromettre, sans se mêler au public, en évitant l'éclat et le bruit, n'avait point cessé d'avoir quelque existence. M. de Sainte-Aulaire fut présenté dans plusieurs maisons de bonne compagnie, où il retrouvait la tradition des manières polies, bienveillantes et faciles. Les événements révolutionnaires qu'il avait vus de près, les malheurs et les dangers de sa famille, la dure vie qu'il avait menée courageusement, les études sérieuses auxquelles il s'était livré avec ardeur, lui avaient donné une éducation forte; sa raison s'était formée par l'expérience et l'observation; maintenant il acquérait cet esprit de conversation qui donnait un grand charme à son commerce.

Au mois de juillet 1798 il épousa Mlle de Soyecourt, héritière d'un des noms les plus anciens de la Picardie et d'une très-grande fortune. Elle était petite-fille du prince de Nassau-Saarbruck. Cette union fut heureuse, mais eut peu de durée. Mme de Sainte-Aulaire mourut en 1806, laissant deux filles; l'une est morte jeune, et la seconde est Mme la duchesse Decazes...

M. de Sainte-Aulaire alla demeurer avec sa mère, qui s'était fixée à Versailles; M. de Noyan avait acheté la la terre d'Étioles, où il habitait.

Depuis le moment où M. de Sainte-Aulaire avait renoncé à être ingénieur géographe, de grands événements avaient changé l'état de la France. Le 18 brumaire avait mis fin à la domination des révolutionnaires; la victoire avait donné une paix glorieuse; l'ordre avait été établi dans toutes les branches de l'administration; tous les troubles intérieurs avaient cessé. Les lois de proscription avaient été abrogées; les émigrés qui avaient voulu retrouver leur patrie et se soumettre au pouvoir nouveau étaient rentrés; une société nouvelle semblait se constituer, ou du moins vivre volontiers, sous la règle de l'égalité de droits. Tous ces bienfaits étaient dus au génie et à la volonté du général Bonaparte. Plus tard on avait pu reconnaître que son ambitieuse imagination ne savait point se contenter d'avoir donné la gloire et le bonheur à son pays : il s'était fait empereur; son insatiable activité, le besoin des émotions du champ de bataille avaient rallumé les guerres; de nouveaux et immenses triomphes avaient encore agrandi sa renommée et sa puissance.

Spectateur oisif de tant de grandes choses, M. de Sainte-Aulaire avait souvent éprouvé quelque regret de ne point servir son pays. Nul préjugé d'ancien régime ne l'éloignait du gouvernement nouveau. Les souvenirs encore récents des cruelles années de la Révolution inspiraient à sa mère et à lui un sentiment de reconnaissance pour le grand homme qui avait su y mettre un terme. Toutefois la société où il vivait, les parents et les amis avec qui il était en relation habituelle, ne partageaient pas tous cette appréciation du gouvernement impérial et semblaient résolus à ne point s'y rallier; ils restaient mécontents et frondeurs, à petit bruit, sans renoncer à mettre quelque espoir dans l'avenir.

Malgré cette différence d'opinion, il ne perdait pas un ami, tant il était d'un commerce doux, d'un caractère bienveillant et sympathique. Le marquis de Rivière avait été compris parmi les complices de la conspiration de Georges Cadoudal et condamné à mort; le Premier Consul lui fit grâce, et la peine fut commuée en une détention perpétuelle; mais on exigea que la signature de quatre personnes considérables garantirait que le prisonnier ne ferait aucune tentative d'évasion, et qu'ils se rendraient ôtages pour lui. M. de Sainte-Aulaire ne connaissait pas M. de Rivière et ne l'avait jamais vu; il était loin d'approuver les complots et les intrigues; mais il y avait en lui un élan de générosité, une confiance dans la loyauté du condamné qui l'entraînèrent à donner sa signature. Son attente ne fut point trompée : les compagnons de prison de M. de Rivière réussirent à s'échapper; ils le pressèrent vivement de se sauver avec eux; il résista avec une stoïque loyauté à leurs instances. Ce fut longtemps après qu'il raconta ce refus à M. de Sainte-Aulaire, en lui témoignant une reconnaissance qui ne s'effaça jamais, encore qu'ils eussent peu de rapports habituels; il lui légua en mourant sa croix de la Légion d'honneur.

Le 3 juin 1809, M. de Sainte-Aulaire épousa Mlle du Roure, de l'ancienne famille de ce nom.

A la fin de 1809, lorsque après la victoire de Wagram et la paix, lorsque l'empereur négociait son mariage avec l'archi-duchesse Marie-Louise, avec la certitude de l'obtenir, il pensa que le moment était venu d'attacher à sa cour et à son gouvernement l'ancienne aristocratie.

Un décret du 21 décembre publia une liste nombreuse de chambellans, où se trouvaient les plus beaux noms de France. Quelques-uns avaient peut-être sollicité cette faveur, mais la plupart n'avaient pas été consultés. M. de Sainte-Aulaire se sentait peu de goût pour la position qui lui était donnée ; il aurait mieux aimé servir son pays et remplir des fonctions publiques, mais il accepta. L'empereur pensait aussi qu'il convenait de donner à ses chambellans d'autres devoirs et d'autres occupations que le service de sa personne. Presque tous entraient dans l'armée, dans l'administration ou la diplomatie. M. de Sainte-Aulaire, à qui le poste de ministre près la cour de Wurtemberg fut offert en 1812, ne l'accepta point, et le 12 mars 1813 il fut nommé préfet de la Meuse.

On ne pouvait être appelé à cette fonction dans un plus triste moment. L'empereur, revenu à Paris après la retraite de Russie, s'apprêtait à une campagne où il aurait à combattre les armées coalisées de la Prusse et de la Russie. Toutes les puissances et les populations allemandes se levaient pour reconquérir leur indépendance. Si les premiers événements de la guerre n'étaient pas décisifs et n'amenaient point la paix, il était manifeste que l'Autriche se réunirait à cette ligue européenne. La grande armée française avait été détruite; il était nécessaire, pour en former une nouvelle, de joindre à ses débris des masses de conscrits qu'à peine avait-on le temps de discipliner et d'exercer avant de les mener au feu. Quatre cent trente mille jeunes hommes, que les levées précédentes avaient laissés dans leurs foyers, étaient appelés; dix mille fils de famille, qui avaient fourni des remplaçants, étaient contraints, sous le nom de gardes d'honneur, à entrer au service militaire; quatre-vingt mille hommes étaient demandés aux gardes nationales pour former la garnison des places fortes : tels étaient les sacrifices qui épuisaient les dernières ressources de la France, sans lasser sa soumission à un pouvoir dont on espérait encore une victoire qui préserverait la patrie d'une invasion provoquée par l'esprit de conquête et l'oppression de l'Europe. Les administrateurs chargés d'accomplir de si rudes mesures pouvaient, non pas en alléger le poids, mais gagner l'estime et même l'affection des populations, en agissant avec justice et douceur, en se montrant sympathiques aux souffrances des familles, en s'associant à la tristesse commune, et faisant appel au sentiment patriotique sans menacer la tardive obéissance des rigueurs de l'autorité.

Dans les derniers mois de 1813, la tâche du préfet de la Meuse devint plus affligeante encore : la retraite de l'armée, après la bataille de Leipzig, remplit de malades et de blessés les hôpitaux de toutes les villes de l'Alsace et de la Lorraine.

Bar-le-Duc, chef-lieu du département de la Meuse, fut occupé par les alliés dans le milieu de janvier 1814.

M. de Sainte-Aulaire revint à Paris. Lorsque l'impératrice se retira à Blois, il la suivit ; après l'entrée des ennemis à Paris, et au moment de l'abdication de Napoléon, elle le chargea de remettre une lettre à M. de Metternich, avec qui il avait eu quelques rapports de société.

Il avait accompli fidèlement son devoir jusqu'au dernier moment ; mais la patriotique douleur que lui causaient les désastres de la France ne l'empêchait pas de voir que la restauration des Bourbons était le seul moyen de procurer la paix et le repos intérieur, et de donner à la nation un autre gouvernement que le despotisme ; elle venait d'éprouver combien pouvaient lui coûter cher les volontés d'un pouvoir absolu.

Malgré les déplorables circonstances qui avaient rendu son administration si pénible, il avait pu juger que, dans un temps meilleur, les fonctions de préfet lui donneraient une occupation sérieuse et beaucoup de bien à faire ; il s'assurait d'en recevoir la récompense qui lui convenait le mieux : la bienveillance du pays où il serait placé. Le roi le nomma préfet à Toulouse.

Il n'était pas destiné à garder longtemps des fonctions administratives. Sa nomination était datée du 13 octobre 1814 ; cinq mois après, Napoléon était revenu de l'île d'Elbe et le roi avait quitté la France. Dans le court intervalle qui avait séparé le débarquement à Cannes et l'entrée à Paris, le gouvernement royal avait pris des mesures pour résister à cette invasion imprévue et rapide, dont le succès était fondé, non sur des combats et des victoires, mais sur les sentiments des soldats et l'o-

pinion favorable, ou du moins inerte, des masses populaires. Le voyage de Monsieur à Lyon n'avait eu
d'autre effet que de constater la grandeur et l'imminence
du danger. M. le duc de Bourbon avait paru inutilement dans les provinces de l'Ouest : sa présence n'avait
pas ranimé le souvenir de la guerre civile : il s'était em-
barqué pour l'Angleterre peu de jours après le 20 mars.
A Bordeaux, les malheurs, les vertus et le courage de
Madame duchesse d'Angoulême n'avaient pas réussi à
inspirer l'obéissance aux soldats, ni le dévouement aux
citoyens; M. le duc d'Angoulême avait, pendant quelques jours, maintenu la fidélité et la discipline parmi
une troupe peu nombreuse dont il avait pris le commandement.

Toulouse avait été choisi comme un des points destinés à opposer la plus énergique et la plus longue résistance au nouveau gouvernement impérial. Le duc
d'Angoulême avait été institué lieutenant général par
le roi dans les provinces du Midi, et cette ville devait
être le centre d'une organisation administrative. Ce projet, et les espérances qui s'y rattachaient, avaient été
inspirés par le baron de Vitrolles, qui était alors un des
hommes les plus importants, non pas du gouvernement
du roi, mais du parti qui, sous le patronage de Monsieur, cherchait à user de l'autorité royale selon ses opinions, et à imprimer à la politique intérieure et extérieure une direction différente de celle que le roi avait
adoptée.

Il arriva à Toulouse avec le titre de commissaire extraordinaire du roi et se mit à la tête d'une adminis-

tration où M. le duc d'Angoulême n'avait pas à exercer son autorité, occupé comme il était à défendre vaillamment la cause royale sur les bords du Rhône.

Madame duchesse d'Angoulême s'était embarquée. Le 1er avril, Bordeaux, Cahors, Montauban avaient arboré le drapeau tricolore. M. de Vitrolles voyait lui-même que tout espoir était perdu. Le général de Laborde, qui commandait à Toulouse, sous les ordres du maréchal Pérignon, envoyé par le roi, reçut directement les ordres de l'empereur et s'occupa aussitôt de ranger la ville sous son obéissance; le maréchal Pérignon refusa d'employer son autorité à un acte contraire au devoir de fidélité, mais ne tenta point de s'y opposer. Le général de Laborde fit arrêter M. de Vitrolles pour l'envoyer à Paris, laissa partir pour l'Espagne le comte de Damas, qui avait été aussi envoyé par le roi. Officiers et soldats prirent la cocarde tricolore, et la révolution fut consommée à Toulouse sans trouble ni difficulté.

M. de Sainte-Aulaire, sans partager les illusions et l'espoir du commissaire extraordinaire, avait loyalement secondé ses efforts; il obtint que M. de Vitrolles fût traité avec égard. Le lendemain, 5 avril, il donna sa démission, et l'annonça aux habitants de la Haute-Garonne par une proclamation où, en parlant avec respect et tristesse de la maison de Bourbon, il reconnaissait que cette cause était perdue; que tenter de la défendre avait été juste et loyal, mais que maintenant toute résistance serait vaine, troublerait la paix publique et compromettrait la sûreté des individus.

Il s'était comporté en homme sensé, et n'avait renoncé à ses fonctions qu'au moment où toute résistance était impossible ; et en même temps il avait regardé comme un devoir de ne pas laisser la province confiée à son administration livrée à l'anarchie et au désordre. Nul intérêt personnel n'avait déterminé sa conduite : il n'avait pas pensé un moment à servir le nouveau gouvernement.

Cependant, au second retour du roi, une réaction violente se manifesta. Ce fut surtout dans les provinces du Midi que se déclara cette opinion passionnée qu'enivrait le succès. La démission de M. de Sainte-Aulaire, la proclamation par laquelle il l'avait annoncée, devinrent, selon la faction royaliste de Languedoc, un acte coupable, un manque de fidélité au roi. Il avait été impossible aux royalistes de rien faire pour maintenir Madame royale à Bordeaux, ni pour donner à M. le duc d'Angoulême les moyens de prolonger sa courageuse défense, et l'on s'écriait que le préfet de Toulouse avait été reprochable pour s'être démis de fonctions qu'il ne pouvait plus exercer au nom du roi.

Ces injustes préventions arrivaient à Paris ; sans connaissance des faits, sans avoir lu cette proclamation, sans se rendre compte des circonstances, une opinion royaliste exclusive et passionnée se prononça contre M. de Sainte-Aulaire. Il vit cette injustice frivole répandue dans une société où il vivait depuis dix ans, où il comptait des amis et des parents. Ce lui fut un amer chagrin, dont il ne parlait point ; il avait trop de fierté pour se plaindre et pour se croire obligé à des explications et à des apologies; mais il dut en résulter une liaison plus intime, une conformité plus complète d'opinion avec ceux de ses amis qui défendaient la cause de la modération et luttaient pour empêcher la monarchie constitutionnelle de devenir le despotisme d'un parti. Telle avait toujours été sa foi politique; il eut à la professer hautement.

Le département de la Meuse, en souvenir de son administration, l'avait élu député; il siégeait dans cette chambre de 1815 où avait fini par prévaloir, non sans être combattu, le parti ultra-royaliste. Il n'eut pas l'occasion d'y parler souvent à la tribune, mais ses votes et ses conversations témoignaient qu'il appartenait à la minorité. Comme elle défendait un ministère qui avait toute la confiance du roi, on ne pouvait pas imputer à M. de Sainte-Aulaire une tendance révolutionnaire; mais il partageait les anathèmes prononcés contre MM. Royer-Collard, de Serre, Pasquier, Siméon. Ce fut à cette époque qu'il se lia plus intimement avec M. le duc de Broglie, et aussi avec l'ami qui aujourd'hui reporte tristement son souvenir vers les premiers temps de leur intimité.

L'ordonnance du 5 septembre, en prononçant la dissolution de la Chambre de 1815, rétablit les conditions d'éligibilité prescrites par la Charte; pour être député il fallait avoir quarante ans, M. de Sainte-Aulaire n'en avait que trente-huit.

En 1818 il redevenait éligible; mais dans cet intervalle un événement de famille avait modifié sa position politique. Sa fille du premier lit était encore fort jeune; elle était, par la fortune de sa mère, une riche héritière, et en même temps son nom et sa naissance appelaient l'attention sur elle; aussi sa main était-elle fort recherchée. M. de Sainte-Aulaire avait la gestion et la jouissance de sa fortune tant qu'elle était mineure et non mariée; ainsi il ne lui convenait point de se montrer peu empressé à faire finir cette tutelle. Ce fut alors que le roi Louis XVIII eut la pensée de négocier ce mariage pour M. Decazes; il avait toute sa confiance comme ministre, et il l'aimait de cette affection intime dont jamais il ne sut se passer, et qui, sans doute, n'avait jamais été aussi vive pour les favoris qu'on lui avait connus auparavant.

Le maréchal Oudinot avait eu occasion de voir habituellement M. et Mme de Sainte-Aulaire pendant leur séjour dans la Meuse, où il avait, en 1812, passé plusieurs mois à guérir ses blessures. Il était resté en relation habituelle avec eux et leur montrait un sincère attachement. Ce fut lui que le roi chargea de cette négociation; il écrivit au maréchal une lettre qu'il devait communiquer à M. de Sainte-Aulaire; elle témoignait de la satisfaction que lui donnerait ce mariage.

Ce ne fut certes pas une pensée d'ambition qui détermina M. de Sainte-Aulaire à accueillir cette proposition. Il était préoccupé du désir de marier sa fille; M. Decazes avait une grande position politique; son rôle dans le gouvernement de l'Etat lui donnait, outre l'amitié du roi, la faveur d'un parti auquel appartenait M. de Sainte-Aulaire, et, ce qui le touchait davantage, le caractère de M. Decazes lui plaisait et lui inspirait confiance.

Il n'aurait voulu aucune faveur de la cour; il sut
seulement que le roi, après avoir lu cette proclamation
de Toulouse, dont on avait fait tant de bruit et qu'il ne
connaissait pas, ne conservait plus les préventions qu'il
avait pu concevoir.

Lorsque arriva l'époque des élections qui, chaque années, renouvelaient par cinquième la chambre des députés, M. de Sainte-Aulaire avait atteint l'âge de quarante
ans; il était maintenant éligible. Il fut, par nomination
royale, président du collége électoral du Gard.

Ce n'était pas seulement pour assurer son élection
qu'il était envoyé à Nîmes; sa mission avait une autre
importance. Les provinces du Midi avaient été, après
la seconde Restauration, le théâtre d'une terrible réaction. Parmi ces populations ardentes, les opinions politiques avaient eu, pendant presque tout le cours de
la Révolution, un caractère de passion et de férocité. Les
partis s'étaient souvent combattus à coups de couteau, ou,
pour raconter plus exactement, ils avaient alternativement abusé avec cruauté de leurs moments de triomphe.
La glacière d'Avignon, les mitraillades de Lyon, les
horribles exécutions de Toulon, les massacres du fort
Saint-Jean et de Tarascon étaient encore présents dans
les souvenirs, malgré les quatorze années de calme
qu'avait maintenu la forte autorité du Consulat et de
l'Empire. Les haines et les vengeances se réveillèrent
après le 20 mars. La guerre civile sembla près d'éclater,
non point par les combats de deux armées marchant
comme dans l'Ouest sous des drapeaux différents, mais
par une succession de crimes isolés, commis au nom du

parti victorieux sur le parti vaincu. Ainsi furent assassinés le maréchal Brune à Avignon, le général Ramel à Toulouse. Des compagnies se formèrent pour exercer des actes de violence et de cruauté ; elles se savaient, non point encouragées, mais protégées et garanties par des patrons appartenant aux classes supérieures de la société, puissants dans le pays, et forts de la faiblesse d'un gouvernement dont les luttes parlementaires et les intrigues de cour entravaient l'autorité. Les administrations locales étaient incapables de réprimer le désordre.

Le comte de Lagarde, émigré, rentré seulement depuis la Restauration, qui commandait à Nîmes, voulut réprimer une émeute et sauver des protestants que les séditieux allaient massacrer : il fut blessé à bout portant par un homme qui fut traduit en justice et acquitté ; car les témoins et les jurés étaient tellement passionnés dans leurs opinions ou intimidés par les menaces, qu'on ne pouvait parvenir à une condamnation. Il y avait des hommes qui faisaient publiquement profession d'assassin ; leur nom était connu ; ils ne craignaient pas de se montrer. Les magistrats et les administrateurs étaient terrifiés au point qu'ils ne rendaient pas compte au gouvernement de ce qui se passait sous leurs yeux. Lorsque M. d'Argenson, au commencement de la session de 1815, essaya de parler de ces désordres, qui avaient déjà commencé, sa voix fut étouffée par les clameurs du parti ultra-royaliste, et le président le rappela à l'ordre. Ce qu'il disait était ignoré par les uns, nié par les autres.

Après l'ordonnance du 5 septembre, le gouvernement avait envoyé à Nîmes comme préfet le comte d'Argout,

administrateur habile et énergique. Le désordre avait
à peu près cessé, mais justice n'avait pas été faite;
les ministres ne savaient pas combien le mal avait
été grand, combien fermentaient les passions, combien
était encore redoutable l'organisation des meurtriers et
des brigands. L'élection pouvait ranimer des feux mal
éteints, tant les partis attachaient d'importance à faire
siéger leurs représentants à la chambre des députés. Il
fallut de la part du préfet beaucoup de fermeté et de
courage pour assurer aux électeurs qu'ils pourraient
venir voter en toute sécurité. La présidence d'une telle
élection pouvait être un poste dangereux. Lorsque M. de
Villèle attaqua la validité des opérations du collége et
la sincérité de la liste électorale, M. de Sainte-Aulaire
lui répondit qu'en 1815 treize protestants avaient été
égorgés dans les rues de Nîmes la veille de l'élection;
tandis qu'en 1818, les électeurs de cette religion avaient
pu voter sans courir risque de la vie.

M. de Sainte-Aulaire rentrait donc à la chambre des
députés avec la recommandation que lui donnait la mission dont il venait de s'acquitter; il fut un des secré-
taires élus au commencement de la session.

En ce moment le ministère du duc de Richelieu venait de se retirer. Les circonstances ne semblaient point
motiver ce changement. Le duc de Richelieu arrivait du
congrès d'Aix-la-Chapelle, où il avait conclu le traité qui
délivrait la France de la lourde et déplorable présence de
l'armée étrangère placée sur la frontière par le traité de
1815. Des conditions moins dures diminuaient la charge
des contributions de guerre. La paix régnait dans l'inté-

rieur; la prospérité commençait à renaître; les amis de la
liberté légale et de la monarchie constitutionnelle se trouvaient satisfaits. Mais il n'en était pas ainsi de beaucoup
d'hommes qui pendant dix ans avaient subi avec patience
ou servi avec zèle le gouvernement absolu de l'Empire, lui
pardonnant d'avoir vaincu et dompté la Révolution; c'est
que ce gouvernement en était issu. C'est qu'il avait, en abo-
lissant les garanties de la liberté, accepté la société nouvelle, pris sous sa sauvegarde les intérêts révolutionnaires,
tenté de fonder une aristocratie en respectant l'égalité d'o-
rigine. Les sujets de l'Empire s'y trouvaient sur leur ter-
rain, sans inquiétude d'un retour de l'ancien régime et de
sa hiérarchie nobiliaire. Après la seconde Restauration, la
réaction les avait persécutés, menacés, blessés dans leur
dignité personnelle. A ces libéraux par situation se joi-
gnaient les esprits réellement révolutionnaires, ennemis
essentiels de tout pouvoir, irréconciliables avec tout gouvernement, pour qui l'ordre est une tyrannie, toute su-
périorité une usurpation. Il y avait aussi les ambitions
trompées, qui avaient espéré mieux d'un gouvernement
nouveau, et qui n'avaient pas réussi à y trouver place.

Telle était la faction redoutable qui menaçait la monarchie constitutionnelle, qui était incompatible avec elle, et
marchait à sa destruction. Elle avait pris une grande influence sur les élections; ses journaux étaient répandus;
elle avait une organisation dont le vaste réseau s'étendait sur toute la France; les sociétés secrètes lui appartenaient. Les classes moyennes, à qui la loi électorale
avait conféré le droit de suffrage, encore effrayées
de la réaction de 1815, craignant de la voir renaître

par quelque changement de ministère, se laissaient fatalement entraîner à opposer l'exagération libérale à l'exagération royaliste.

Les élections de 1818 étaient loin de donner la majorité à une opposition hostile ; le plus grand nombre des élus émanait de l'opinion modérée ; mais quelques noms connus et marquants avaient effrayé M. de Richelieu, ainsi que plusieurs membres du cabinet, et avec eux une portion assez nombreuse des royalistes modérés qui concouraient à la majorité ministérielle ; ils s'inquiétaient de voir M. de la Fayette et M. Benjamin Constant entrer à la chambre des députés avec une puissance de popularité ; ils prévoyaient que la prochaine élection donnerait des choix plus hostiles encore. Ainsi fut inspirée, à cette fraction du parti monarchique, la pensée qu'il était urgent de modifier la loi électorale de manière à enlever aux révolutionnaires leur action sur les colléges.

L'autre fraction de la chambre des députés, plus nombreuse, et qui comptait dans ses rangs des orateurs distingués et des hommes d'une capacité reconnue, ne s'associait pas à de telles alarmes. Les libéraux monarchiques avaient plus de confiance dans les institutions constitutionnelles et dans la raison publique. Il leur semblait qu'en continuant à rassurer l'opinion, encore inquiète des projets et des manœuvres du parti ultra-royaliste, on détruirait l'influence du parti révolutionnaire ; ils pensaient que, le sentiment dominant en France, c'était l'amour de l'ordre et du repos ; qu'ainsi, dès que les bienfaits de la Restauration paraîtraient menacés et compro-

mis par la faction ennemie de la dynastie, elle perdrait
entièrement la faveur populaire. Un changement apporté
à la loi électorale, qui avait deux années de date, leur paraissait manquer de dignité, et aurait pour premier effet
de susciter ces inquiétudes d'un retour vers la réaction, si
activement exploitées par les révolutionnaires. Cette division dans la majorité ministérielle existait aussi parmi
les ministres. M. de Richelieu était le représentant du
parti inquiet et prudent; M. Decazes, du parti plus confiant qui, avant de toucher à la loi électorale, voulait
qu'elle subît encore une épreuve. A cette différence de
vues se rattachait une différence de conduite, et c'était
surtout de cela qu'il s'agissait. Pour qu'une modification
à la loi des élections pût être adoptée par la chambre des
députés, il était nécessaire de se rapprocher des ultra-
royalistes et de confesser qu'ils avaient eu raison de la
combattre. C'était leur rendre la victoire, et par conséquent le pouvoir bientôt après.

Dans cet instant de crise, plusieurs ministres donnèrent leur démission; il y eut un moment où le cabinet
entier voulut se retirer; puis M. de Richelieu se résigna
à conserver la présidence du conseil, en exigeant que
M. Decazes fût éloigné de France par l'ambassade en
Russie; puis il renonça à cet exil. Ne pouvant pas
rallier ses anciens collègues, il tenta de former un nouveau ministère, où il appelait des administrateurs distingués du règne impérial, et aussi M. de Villèle, afin de
constater la réconciliation avec le parti royaliste. Aucun
ne voulut accepter. Les incertitudes et les hésitations du
roi et de ses ministres durèrent pendant dix jours, et se

terminèrent par la formation d'un cabinet dont le général Dessoles fut président; M. Decazes eut le portefeuille de l'intérieur, M. de Serre fut garde des Sceaux; le maréchal Saint-Cyr demeura ministre de la guerre. La pensée de changer la loi d'élection fut écartée.

Quoique le parti ultra-royaliste se trouvât recruté d'un assez grand nombre de députés qui regrettaient la politique de M. de Richelieu et de M. Lainé, il n'avait pas la majorité dans la Chambre. M. Decazes y jouissait toujours de la confiance des libéraux monarchiques, et M. de Sainte-Aulaire avait été, comme à la session précédente, élu secrétaire.

Mais il n'en était pas ainsi à la chambre des pairs; l'opinion qu'affligeaient et effrayaient les progrès de l'esprit révolutionnaire régnait dans cette assemblée aristocratique; elle prit l'initiative, et vota à une grande majorité une résolution portant que le roi serait supplié de proposer une loi qui amenderait l'organisation des colléges électoraux, par des modifications dont la nécessité paraissait indispensable.

Ce vote de la chambre des pairs détermina le ministère à une mesure dont le plus grand inconvénient était de donner un exemple qui devait être trop imité : le roi nomma en même temps soixante pairs. Dans cette promotion, qui se composait surtout de notabilités du règne impérial, maréchaux, généraux, anciens ministres, magistrats ou administrateurs, fut compris le marquis de Sainte-Aulaire, père du député. Choisir non pas le fils, mais le père, était plus conforme à l'esprit d'une institution héréditaire.

M. de Sainte-Aulaire, dans la session de 1819, prit
une part active aux plus importantes discussions. Un
de ses premiers discours, qui obtint un grand succès, fut
prononcé pour appuyer la proposition faite par M. De-
lessert de donner, à titre de récompense nationale, une
dotation à M. le duc de Richelieu. De ce jour il fut
compté parmi les orateurs distingués de la Chambre
élective. Sa parole avait un caractère de facilité, sa
diction quelque chose d'élégant et de bonne grâce;
c'était l'esprit et le ton de la conversation; nulle emphase,
nulle pédanterie; jamais de déclamation. Dans la con-
troverse de tribune, il joignait à la politesse et aux égards
pour ses adversaires une fermeté accentuée dès que
l'occasion la rendait nécessaire. Il savait plaire même
quand il ne persuadait point.

Bien que le ministère eût la majorité dans les deux
Chambres, sa position était mauvaise. Il paraissait chan-
celant et provisoire; les élections qui devaient suivre la
session étaient destinées à décider de son sort.

Ainsi que l'avait prévu la fraction royaliste et constitutionnelle, qui voyait avec chagrin la retraite de M. de
Richelieu et de M. Lainé, ces nouvelles élections présen-
tèrent un scandale plus grand que les précédentes : l'abbé
Grégoire fut élu député à Grenoble : Un cri général s'é-
leva parmi tout ce qui professait quelque respect pour
le roi et quelque attachement pour la monarchie; la
crainte que ce succès de la faction révolutionnaire inspirait aux hommes qui savaient de quoi elle était capable
devint plus générale et plus vive. Ce fut surtout une
grande joie pour les ultra-royalistes; ils avaient même

contribué par leurs suffrages à l'élection de Grégoire :
tant ils comprenaient qu'elle allait rendre impossible le
maintien du ministère, et inaugurer un système politique
opposé à celui qui depuis trois ans leur était odieux.

La loi des élections sera-t-elle changée? Telle était encore la question qui fut posée. La division s'établit de nou·
veau parmi les ministres. Il n'y en avait pas un qui ne fût
affligé et indigné de l'élection de Grégoire; mais le général
Dessoles, le maréchal Saint-Cyr et M. Louis raisonnaient
comme l'année précédente. Les révolutionnaires n'avaient
pas, disaient-ils, la majorité dans la Chambre, et n'étaient
même pas les plus nombreux dans la série qui venait d'être
élue. Il n'y avait point danger pour la monarchie, et le
sentiment que cette insulte faite au roi suscitait dans
la France entière était au contraire une garantie contre
l'esprit révolutionnaire. Des hommes sages, et fort ennemis du parti qui avait choisi Grégoire pour son représentant, étaient du même avis que ces trois ministres;
ils ne faisaient aucun compte de cet entraînement d'opinion toujours irrésistible en France, ni des alarmes très-
sincères des royalistes modérés; ils se refusaient à voir le
déchaînement des passions du parti de l'ancien régime,
et une diminution dans la confiance du roi pour la politique qu'il avait choisie jusqu'alors.

M. Decazes croyait à la nécessité de changer la loi
et reconnaissait l'impossibilité de la maintenir contre de
telles attaques. Il ne put déterminer ses collègues à le
suivre sur cette route, et, lorsqu'il chercha à composer
un ministère nouveau, il éprouva le refus des hommes
considérables qui avaient toujours professé et défendu

les mêmes opinions que lui. Ils ne niaient pas le danger
de la situation, ils croyaient même que la loi électorale
ne pouvait plus subsister; mais, ainsi que les ministres
qui se retiraient, ils ne voulaient point se compromettre
dans une entreprise où ils ne pouvaient avoir ni autorité, ni force, puisqu'il s'agissait de détruire leur œuvre et
de blâmer ce qu'ils avaient proposé avec tant d'assurance.
En outre, pour avoir une majorité à la chambre des députés, il faudrait s'allier au parti ultra-royaliste; le moment
viendrait donc bientôt où il faudrait lui rendre les armes
et lui céder le pouvoir. Or les libéraux monarchiques
avaient toujours pensé que ce parti, s'il devenait dominant, perdrait la dynastie.

M. Decazes devint président du conseil. M. de Serre,
plus ardent que personne à la réforme électorale, con-
serva le ministère de la justice; M. Pasquier eut le
ministère des affaires étrangères; M. de Latour-Mau-
bourg, le département de la guerre; M. Roy, des finances; M. Portal, de la marine. C'était refaire autant que
possible le cabinet de M. de Richelieu.

Le parti qui, en 1817 et 1818, s'était attaché à
M. Decazes, qui avait vécu en conformité et en concert
avec lui, n'existait plus. Déjà il avait perdu l'année précédente la fraction qu'on appelait le centre droit; maintenant, ceux qui le voyaient menacé ou d'être renversé par
les ultra-royalistes, ou contraint à pactiser avec eux,
l'abandonnaient. Quelques amis lui restaient attachés,
conservant la même confiance dans son courage et son
habileté. Une loi électorale fut concertée avec eux.
La discussion de ce projet eût été orageuse et aurait dé-

cidé le sort du ministère : c'était de renverser M. Decazes qu'il s'agissait bien plus encore que d'amender la
loi électorale.

Un déplorable événement vint changer complétement
la situation : le duc de Berry fut assassiné dans la nuit du
13 au 14 février. La consternation et la douleur furent
universelles ; mais le parti ultra-royaliste vit dans ce
deuil public une occasion de renverser le ministre
objet de sa haine passionnée et de faire prévaloir les
opinions et les projets auxquels il faisait obstacle. On
sut bientôt que le crime ne tenait point à un com-
plot, et que l'assassin n'avait probablement point de
complices. Mais l'esprit de parti n'a besoin ni de preuves, ni de faits. Il procéda par voie de déclamation
et s'enivra de phrases de rhéteur, au point d'en faire
un acte d'accusation ; il proclama que si le prince
avait été frappé d'un poignard, c'était une conséquence
nécessaire de la conduite du ministère, des concessions qu'il avait faites à l'esprit révolutionnaire, des
opinions qu'il avait professées, des agents qu'il avait
choisis. Si M. Decazes, disait-on, conservait la confiance
et l'amitié du roi, s'il continuait à être chef de son conseil, sa vie et celle de la famille royale étaient en danger.
On imprima que « l'assassinat de M. le duc de Berry
était une clause de l'ordonnance du 5 septembre. » Il
fut dit que la chute de M. Decazes était infaillible, car
— « le pied lui avait glissé dans le sang. »

Un député, M. Clauzel de Coussergues, déposa la proposition de mettre M. Decazes en accusation « comme
complice de l'assassinat de M. le duc de Berry. » — « Un

mouvement violent d'improbation se manifesta sur tous les points de la salle. » — Ainsi s'exprimait le procès-verbal. Lorsque, le lendemain, on en donna lecture, quelques membres de la droite demandèrent que cette phrase fût retranchée. La discussion s'engagea sur ce point. M. de Sainte-Aulaire la termina en disant : — « Puisque M. de Coussergues ne veut pas qu'on attribue à sa douleur les mots qui lui sont échappés hier, puisqu'il ne veut pas accepter cette excuse de sa démence, je lui dirai, et je demande que ma réponse soit consignée au procès-verbal, je lui dirai seulement : Vous êtes un calomniateur. » — Vingt-cinq députés tout au plus se levèrent pour que le procès-verbal fût maintenu sans retranchement.

M. de Coussergues retira sa proposition dès que le ministère fut renouvelé, et le bureau se risqua à ne point mentionner les paroles que M. de Sainte-Aulaire lui avait adressées. Ce fut l'occasion d'une nouvelle réclamation et d'un vif débat. Les ultra-royalistes et les partisans du nouveau ministère parlèrent et votèrent en faveur de M. de Coussergues. Une majorité de cinq voix seulement décida que la phrase : « Vous êtes un calomniateur, » serait insérée au procès-verbal. M. de Coussergues déclara que, puisqu'il en était ainsi, il persistait dans son accusation; il ajouta : — « Je n'ai pas attaqué dans M. Decazes le ministre du roi, mais le chef de tous les révolutionnaires de France. Ce qui vient de se passer dans cette séance me prouve que je ne m'étais pas trompé. » — Cette surprenante explication parut injurieuse à la Chambre; M. de Coussergues fut rappelé à l'ordre.

M. le duc de Richelieu avait été appelé par le roi à la présidence du conseil des ministres, sans portefeuille, et M. Siméon était nommé ministre de l'intérieur. Le remplacement de M. Decazes était motivé dans l'ordonnance royale sur sa démission donnée pour raison de santé. Le roi voulut lui témoigner combien il lui conservait son affection et sa confiance; il le créa duc, et il fut nommé ambassadeur à Londres.

Ce n'était point une disgrâce personnelle, mais un changement dans la direction politique : changement que le nouveau ministère prétendait restreindre à la répression de l'esprit révolutionnaire et à un système de méfiance et de précaution contre l'opinion libérale; mais il ne pouvait espérer la majorité que par sa condescendance pour le parti ultra-royaliste, qui évidemment ne s'en contenterait pas et s'emparerait bientôt du gouvernement.

A aucun moment de la Restauration la lutte des partis n'a été aussi vive; jamais ils ne se sont combattus avec tant de haine et d'exaltation. Ce n'était point une de ces tempêtes qui s'élèvent parfois dans les gouvernements parlementaires; c'était pour ainsi dire une guerre à mort. De chaque côté on s'exagérait le danger de la défaite; les uns se croyaient menacés d'un retour complet de l'ancien régime et de toutes les vengeances de l'émigration; les autres prévoyaient le retour des horreurs révolutionnaires. L'esprit de guerre civile semblait animer les deux camps opposés.

Cette année 1820 fut difficile à passer; les séances de la chambre des députés furent orageuses; des conspirations furent tramées et prévenues ; les rues de Paris commencèrent à revoir des émeutes réprimées par la force armée.

La discussion la plus importante, celle qui devait décider du maintien du ministère, devait nécessairement porter sur la loi électorale ; si on ne réussissait pas à en faire adopter une qui promît la majorité aux ultra-royaliste, il fallait revenir à la politique proclamée funeste et coupable par les deux opinions coalisées pour soutenir le ministère.

Peu de jours avant de se retirer, M. Decazes avait présenté un projet auquel ses successeurs en substituaient un nouveau, qui était fort différent. Dans le premier, deux cent cinquante-huit députés étaient élus chacun par un arrondissement, dont le collége était formé de tous les contribuables payant 300 francs d'impôt. En outre, ces colléges choisissaient, parmi les plus imposés, des électeurs qui devaient former un collége de département. Aux colléges de département était attribuée l'élection de cent soixante-douze députés répartis proportionnellement à la population.

Dans le nouveau projet, le collége de département se composait des électeurs les plus imposés en nombre égal au cinquième de la liste totale ; ce collége choisissait les députés parmi les candidats présentés par les colléges d'arrondissement.

Ainsi les quatre cinquièmes des électeurs étaient dépouillés du droit d'élire directement les députés, et le cinquième, formé des plus imposés, était, non plus par élection, mais par privilége, revêtu de la prérogative

de nommer les députés ; il est vrai que ces électeurs de
département étaient assujettis à les choisir sur les listes
de candidats présentés par les colléges d'arrondissement. En supposant, comme on le disait, que les plus
imposés appartenaient à une autre opinion que les moins
imposés, cette combinaison laissait aux uns la facilité
de présenter aux autres des listes de candidats où ils
n'en trouveraient aucun qui eût leur confiance. C'était
néanmoins ce projet qui, selon les partisans du ministère, devait être un moyen de salut.

Le parti, très-peu nombreux, dont M. de Sainte-Aulaire partageait les opinions, se trouvait dans une position difficile et fausse ; il croyait à la nécessité de modifier la loi électorale, mais ne voulait pas que cette loi
nouvelle, ni aucune des autres qui pouvaient être présentées contre l'invasion révolutionnaire, profitât aux
ultra-royalistes, et leur ouvrît un chemin vers le pouvoir ; de telle sorte que, dans ce combat, il avait pour
auxiliaires et alliés les députés de la gauche, dont les
opinions et les tendances n'avaient nulle conformité
avec les siennes.

M. de Sainte-Aulaire avait déjà pris part à une discussion incidente, où, comme en toute occasion, les
partis s'étaient trouvés en présence. — Un magistrat de
la cour royale de Nîmes avait, par une pétition adressée à la Chambre, dénoncé des correspondances et des
intrigues qui tendaient à ranimer l'esprit de discorde et
de réaction, par conséquent à renouveler les excès et
les crimes dont les départements du Midi avaient été le
théâtre en 1815 et 1816. Le ministre de l'intérieur, sans

nier la vérité de ces tristes souvenirs, blâma ce magistrat d'avoir entretenu la chambre des députés et le public de faits qui, s'ils étaient constatés, devaient donner lieu à une poursuite judiciaire.

En répondant au ministre, M. de Sainte-Aulaire, après avoir parlé des craintes et des imputations exagérées et calomnieuses que s'adressaient réciproquement les partis opposés, déplora la conduite — « d'hommes, d'ailleurs honnêtes gens, qui avaient reçu et protégé dans leur maison les meurtriers de leurs concitoyens. Ils ont nié avec persévérance, disait-il, des faits notoires, que les rues et les pavés ensanglantés de la ville attestaient aux regards; ils ont nié des crimes commis à la face du soleil. C'était à ceux mêmes dont les parents avaient été massacrés et les maisons incendiées qu'on niait le crime, en essayant de justifier les incendiaires et les assassins. »

Après avoir rendu grâce aux ministres qui avaient réussi à pacifier ce malheureux pays, M. de Sainte-Aulaire exprimait le regret que la sécurité n'y fût pas encore établie et que l'avenir donnât encore de tristes inquiétudes. — « Comment en serait-il autrement lorsqu'un parti qui tient aux classes élevées de la société est accusé d'obéir à l'impulsion d'un gouvernement qui n'est pas celui du roi. Oui, Messieurs, les faits attestés par M. Madier de Montjau : l'organisation d'une garde secrète, ses cadres, sa solde, tout cela est de notoriété publique à Nîmes. C'est parce que je suis convaincu de cet état de choses que je pousse un cri d'alarme; oui, l'avenir est imminemment menacé; je le dis dans l'intérêt de l'héritier légitime et constitutionnel du trône, dont je serai toujours le dévoué et fidèle sujet. »

De telles paroles prononcées par un orateur sensé, loyal et modéré, témoignaient du danger de la situation, expliquaient la haine des partis et la crainte qu'ils s'inspiraient l'un à l'autre. C'était le fond de toutes les discussions : d'un côté on croyait de bonne foi qu'il s'agissait de décider si les libertés constitutionnelles seraient abolies, si la société nouvelle serait contrainte à rentrer dans les cadres de la société ancienne ; de l'autre on prévoyait la ruine de la monarchie et la funeste domination du parti révolutionnaire.

C'est dans cet esprit d'alarme et d'antipathie que fut discutée la loi électorale ; les débats se prolongèrent pendant plusieurs semaines, s'animant de plus en plus, soutenus de part et d'autre avec énergie et talent : MM. Lainé, Pasquier, de Serre, la défendant avec d'autres arguments que MM. de Villèle, de Bonald, ou M. de la Bourdonnaye ; MM. Royer-Collard, Camille Jordan, le général Foy, Constant, de la Fayette, Manuel, l'attaquant avec des armes diverses et en combattant sous un drapeau différent ; car le public, ému des scènes de ce drame, l'appelait la bataille des élections, et y prenait part dans les tumultes de la rue, dont la répression devenait un incident dans la discussion parlementaire.

Les ministres eux-mêmes posaient la question sur la possibilité d'une révolution. Tout en cherchant à rassurer chaque parti, en montrant aux uns l'impuissance des autres, ils jetaient un coup d'œil inquiet sur l'avenir. — « Que craignez-vous ? disait M. Pasquier aux libéraux monarchiques, un parti qui voudrait ranimer des droits éteints, nuire aux droits acquis, faire sortir la Charte des routes constitutionnelles, succomberait dans cette entreprise, à moins qu'il ne fût assez fort pour faire une révolution nouvelle. Mais cette puissance de faire une révolution, à qui peut-elle appartenir aujourd'hui ? Interrogez vos consciences, et demandez-vous où gît en France le pouvoir des révolutions. »

Il y avait évidemment une forte majorité contraire au maintien intégral de la loi de 1817. Un nouveau projet, présenté comme amendement par les opposants modérés, renouvela la discussion ; appuyé par M. Camille Jordan, il paraissait rallier un grand nombre de suffrages encore indécis. M. de Sainte-Aulaire se rangea à cette opinion et ne chercha pas à nier les mécomptes de la loi actuelle. L'attention, qui commençait à se lasser, fut ravivée en le voyant monter à la tribune.

« Je consens à des amendements importants, et cependant j'attaque le projet présenté par les ministres avec toute l'énergie dont je suis capable. Il y a peu de semaines que je votais, avec trop de complaisance peut-être, pour des lois d'exception, parce que j'aime à dormir à l'ombre du trône ; mais aujourd'hui les droits les plus chers de la nation sont compromis, et j'attaque le projet parce qu'il me paraît destiné à devenir l'arme d'un parti... Je l'accuse de laisser sans défense les garanties de la nation, en ne donnant rien au pouvoir royal ; nous consentions à le rendre plus fort, et vous nous proposez de faire la liberté plus faible. Vous ne voulez pas que l'élection exprime la véritable opinion des départements;

et c'est cette opinion qui fait la force de la chambre des députés, force qu'elle communique à l'autorité royale. »

« Le projet consacre, disait M. de La Bourdonnaye, l'alliance du gouvernement avec une vigoureuse aristocratie. Ce n'est pas que nous ayons à craindre le retour de la féodalité du douzième siècle ; il n'est certes pas question de vous faire marcher le casque en tête et la lance au poing ; on ne prétend pas reconstruire les tours et leurs créneaux. Ce qu'on veut, c'est le privilége de quelques-uns substitué aux droits de tous. C'est pour les uns l'avancement militaire et civil accordé à la naissance ; pour les autres, c'est le rétablissement des maîtrises et des corporations, en un mot, « *privata lex.* » ...Nous connaissons ce système : depuis plusieurs années on nous l'explique très-clairement ; nous le connaissons même autrement qu'en théorie : nous l'avons goûté en 1815. En un mot, ce que vous voulez, nous ne le voulons pas, et ce que nous voulons, vous ne le voulez pas. Voilà pourquoi je vote contre un système électoral que vous voulez et que vous vantez. Je ne veux pas le résultat, je ne dois pas adopter les moyens. »

Le discours dont nous ne donnons qu'un très-court abrégé fut prononcé d'une façon vive, qui en faisait ressortir les formes spirituelles ; il obtint un grand succès.

L'amendement, qui consistait à faire élire chaque député par les électeurs d'un collége d'arrondissement, obtint d'abord la priorité ; on crut qu'il serait adopté. Le ministère s'occupa activement à déplacer quelques votes et il obtint une majorité de cinq voix ; mais il lui fallut consentir à un autre amendement qui se rapprochait beaucoup de celui qu'il avait si péniblement écarté. Le nombre des députés était porté de 258 à 430. Les colléges d'arrondissement en élisaient directement 258 ; les colléges de département en nommaient 172 sans liste préalable de candidats.—Ces colléges de département étaient formés, non plus du cinquième, mais du quart des plus imposés de la liste électorale.

Sans cette concession le projet de loi était en risque d'être rejeté. Les ultra-royalistes contestèrent peu le nouvel amendement ; il était proposé par des amis du ministère. La distinction entre les plus et les moins imposés était établie ; les membres du grand collége avaient le privilége de voter deux fois, à l'arrondissement d'abord, puis au département. De telles dispositions devaient procurer les votes de la droite en faveur du projet et les votes négatifs de la gauche.

Le ministère avait donc gagné la bataille ; maintenant il pouvait marcher dans la voie où il était entré ; son alliance avec le parti qui devait le renverser était conclue et scellée ; en même temps, et par une conséquence naturelle, il devait rompre toute relation avec les royalistes constitutionnels qui s'étaient opposés aux conditions de cette alliance et avaient combattu hostilement la loi électorale. MM. Royer-Collard, Camille Jordan, Guizot, et d'autres amis de M. de Sainte-Aulaire, cessèrent d'appartenir au conseil d'État ; beaucoup de fonctionnaires furent déplacés ; le gouvernement constata avec évidence qu'il y avait changement complet dans la direction politique.

Cette victoire remportée sur toutes les opinions libérales, royalistes ou révolutionnaires, produisit au premier moment l'effet qui a constamment été remarqué dans le cours de nos révolutions. Quand un parti s'est montré le plus fort et a saisi le pouvoir, il ne rencontre plus de résistance; l'esprit public est subjugué, et le vainqueur peut compter, pour plus ou moins longtemps, sur la soumission et le silence; d'ailleurs les journaux avaient été soumis à la censure.

La naissance de Monsieur le duc de Bordeaux rendit plus complet le triomphe du parti royaliste; elle fut proclamée comme un arrêt de la Providence, qui assurait l'avenir de la dynastie, et en même temps la perpétuité de la politique imposée au gouvernement de Louis XVIII.

Ainsi les espérances que la dernière rédaction de la loi électorale avait laissées aux libéraux de toute nuance furent vaines : les colléges d'arrondissement, composés des mêmes électeurs que sous la loi de 1817, choisirent leurs députés dans le même sens que les colléges de département. Il devint donc manifeste que la majorité allait appartenir aux ultra-royalistes, et que le ministère ne pourrait pas, comme il s'en était peut-être flatté, se maintenir dans une direction moyenne. MM. de Villèle, Corbière et Lainé entrèrent dans le cabinet comme ministres sans portefeuille. La session de 1821 ne présentait plus aux constitutionnels aucune chance de succès; il était impossible de résister au mouvement de réaction. Les combats de la tribune n'en furent pas moins animés, ni les séances moins orageuses.

Le parti qui, depuis l'établissement d'un gouvernement délibératif, n'avait pas cessé d'être hostile et

agressif contre le pouvoir royal, quels que fussent les ministres; ce parti, qui avait suscité l'effroi parmi les amis
de la monarchie, n'avait rien à ménager; il était incompatible avec la royauté. Exaspérer l'opinion contre
le gouvernement et contre la majorité, agiter les esprits,
donner à la situation un aspect révolutionnaire, tel
était le jeu de cette minorité; elle ne désespérait point
de l'avenir. Les sociétés secrètes, nombreuses et ac-
tives, avaient déjà tenté des conspirations et ne cessaient
point d'en préparer d'autres. L'Espagne et le royaume
de Naples étaient en pleine révolution. Les souverains
de l'Europe se réunissaient en congrès afin de concerter
des mesures pour prévenir ou réprimer les séditions qui
les menaçaient.

Sans se compromettre dans de coupables entreprises,
mais peut-être en ne les ignorant pas, la plupart des
orateurs de cette faction ne se montraient ni découragés,
ni intimidés; leurs querelles avec la majorité se renouvelaient presque chaque jour.

Les royalistes constitutionnels avaient toujours évité
une liaison que ne comportait pas une si complète différence d'opinions, et n'avaient garde de s'associer à ce
mouvement. Ils croyaient que le gouvernement pouvait rester plus ou moins longtemps aux mains des ultra-royalistes, mais qu'ils se conduiraient avec tant d'imprudence et d'exagération qu'un jour viendrait où soit
le roi, soit le pays leur retirerait toute confiance. Ils pre-
naient donc peu de part aux discussions. M. de Sainte-
Aulaire ne monta à la tribune que dans deux occasions:
il s'opposa à un article qu'on voulut ajouter au règlement

afin de pouvoir interdire la parole à un orateur qui aurait été rappelé deux fois à l'ordre ; il soutint avec M. Royer-Collard que la parole, lorsqu'elle n'est pas une provocation à la révolte, est un droit conféré au député par l'élection; qu'il peut être blâmé, mais non pas puni; que cette peine votée par la majorité serait prononcée non point par un juge, mais par des adversaires.

L'autre discussion, où il parla, avait pour sujet un dégrèvement sur la contribution foncière; il ne critiquait point cette mesure, mais il faisait remarquer qu'il en résulterait un retranchement sur la liste électorale, puisqu'on en soustrairait les contribuables qui ne payeraient plus 300 francs. Or leur revenu ne serait pas diminué; au contraire, il s'augmenterait; et comme le revenu du propriétaire était le signe d'après lequel la Charte avait présumé l'indépendance, les lumières et la sagesse d'opinion, cette augmentation ne devait pas être un motif pour perdre le droit électoral.

Ainsi se passa la session de 1821. Le cours des événements continua à se montrer favorable au parti dominant. Le captif de Sainte-Hélène était mort sur le rocher où ses vainqueurs le tenaient enchaîné, et, quoique aucun espoir ne pût se rattacher à lui, son existence avait contamment préoccupé les imaginations. Les Autrichiens avaient mis fin aux révolutions de Naples et de Piémont. Un congrès devait s'assembler pour délibérer sur la situation de l'Espagne ; les élections donnèrent un résultat analogue à celles de l'année précédente ; les deux tiers des élus venaient renforcer la majorité des ultra-royalistes.

Ce parti voyait que le moment était arrivé de ne plus

être l'auxiliaire d'un ministère qui n'émanait pas de lui, et de s'emparer du pouvoir pour qu'il fût enfin exercé selon ses opinions et ses vœux. Déjà MM. de Villèle et Corbière s'étaient retirés d'un cabinet où ils ne se trouvaient pas à leur place naturelle.

Dès le premier jour de la session, la résolution de renverser le ministère se manifesta. L'adresse qui répondait au discours royal d'ouverture fut rédigée de manière à offenser le ministère, et spécialement le duc de Richelieu. — « Nous nous félicitons, Sire, de vos relations constamment amicales avec les puissances étrangères, dans la juste confiance qu'une paix si précieuse n'est point achetée par des sacrifices incompatibles avec l'honneur de la nation et la dignité de la couronne. » Les ministres demandèrent la suppression de cette phrase et pouvaient espérer qu'elle serait retranchée ; la fraction modérée, qui, jointe aux ultra-royalistes, avait composé la majorité, souhaitait vivement que le cabinet ne fût pas changé ; mais quelques-uns des libéraux, au lieu de voter contre leurs adversaires habituels, s'unirent à eux pour que l'adresse exprimât un blâme contre le ministère. Il avait gardé peu de mesure en combattant d'anciens amis ; et n'avait eu ni ménagements, ni égards, pour les opposants de toute nuance ; de sorte que les ultra-royalistes s'étaient assurés d'avance que leur adresse serait votée par la gauche. Le roi, qui craignait autant que qui que ce soit de tomber sous la domination d'un parti dont il n'était pas le maître, voulait conserver son ministère ; il refusa d'entendre l'adresse de la chambre des députés.

La volonté royale ne suffisait pas pour maintenir le
ministère : il fallait une majorité ; pour la former, il
eût été indispensable de revenir aux libéraux royalistes
que le ministère avait combattus pendant toute la session
précédente et dont il s'était séparé avec éclat. Ce changement de front était difficile pour tous les ministres,
impossible pour le duc de Richelieu. Il s'était souvent reproché sa coopération à l'ordonnance du 5 septembre ;
recommencer une autre dissolution de la Chambre contre
le parti royaliste, après s'y être livré sans réserve, c'était
une humiliation qu'il ne voulait pas subir. Monsieur lui
avait promis le constant appui et le vote d'un parti dont
il croyait disposer ; dès que M. de Richelieu se fut assuré
que le prince ne se souvenait plus de cet engagement,
il donna sa démission.

M. de Villèle fut président du conseil et ministre des
finances ; il eut pour collègues M. Corbière, le vicomte
Mathieu de Montmorency, M. le marquis de Clermont-
Tonnerre, M. le maréchal duc de Bellune, M. de Peyron-
net. Après sept années d'une lutte opiniâtre, le parti
qui ne voulait rien accepter, ni rien reconnaître des
résultats de la Révolution, ni la forme du gouvernement,
ni les lois, ni l'ordre social, ni les mœurs, ni les intérêts
nouveaux, possédait enfin le pouvoir. A la vérité, il y
était parvenu par la route constitutionnelle, et il comprenait la nécessité de la suivre pour arriver aux fins
qu'il se proposait. Les habitudes parlementaires avaient
commencé à s'établir ; les premières ardeurs de réaction étaient attiédies. Cet avénement était donc moins
terrible que l'avait supposé l'opinion libérale.

Toutefois la situation n'était pas aussi affermie que l'espéraient les vainqueurs. La crainte, tout exagérée qu'elle pouvait être, réunissait dans une même hostilité les fractions diverses de l'opinion libérale; aucune n'était maintenant représentée dans les conseils de la couronne; aucune ne croyait avoir des garanties suffisantes; ainsi toutes, mettant à part leurs différends, allaient concerter leurs attaques et leurs votes. Des hommes honorés de la considération publique, éprouvés et formés dans la conduite des affaires, distingués par leur caractère et leurs talents, allaient être désormais à la tête de l'opposition, et serviraient d'organes à une opinion publique qui pouvait devenir puissante en recevant leur influence.

Cette nouvelle phase de la politique parlementaire fut caractérisée avec discernement et justesse par M. de Sainte-Aulaire, dans une discussion sur une nouvelle loi de la presse où le jugement du délit était attribué aux cours royales, en leur donnant en même temps le pouvoir de soumettre les journaux à la censure sur la simple prévention.

— « La censure était un auxiliaire indispensable de l'ancien ministère; sa politique était stationnaire. Il ne voulait aller ni en avant, ni en arrière; il craignait d'être poussé à droite ou à gauche; il voulait que la France demeurât comme en catalepsie, sans mouvement et sans action. Ainsi il devait craindre tout symptôme de la vie politique, tout ce qui pouvait former une opinion publique, de laquelle il aurait pu recevoir une impulsion. Ce système avait un inconvénient, qui, dans la pratique, devait compter pour quelque chose : il était impraticable;

aussi, après deux ans d'une administration qui n'a rencontré d'obstacles que dans les efforts d'un petit nombre de députés, courageux défenseurs des principes du gouvernement constitutionnel, nous venons de voir ce ministère tomber comme épuisé à la suite de la plus longue lutte.

« La nation se montrait docile ; elle se laissait déshériter de toute participation aux affaires publiques ; elle ne demandait qu'à obéir ; mais le pouvoir avait l'impuissance de commander. Le ministère s'était isolé de toutes les opinions, et il a perdu tout appui ; on l'a regardé tomber sans que personne pût lui tendre la main pour le soutenir.

« Le ministère actuel vous demande d'autres moyens, parce qu'il a d'autres projets ; sa politique n'est point stationnaire, au contraire : il veut aller loin, et il se propose de surmonter beaucoup d'obstacles. Or, pour aller loin, il ne doit pas marcher seul ; pour surmonter les obstacles, il doit associer beaucoup d'efforts aux siens.

« Je ne veux pas dire que l'administration actuelle est contre-révolutionnaire, ni qu'elle conspire contre la Charte ; mais je ne crains pas d'être contredit lorsque, répétant les discours de MM. les ministres actuels et les pages éloquentes des écrivains voués à la défense des mêmes principes, je dirai que les ministres vont travailler à ce qu'ils appellent la régénération morale et politique de la France.

« Une telle œuvre présente des difficultés que MM. les ministres sont trop éclairés pour ne pas reconnaître ; ils

savent bien que le pouvoir royal se briserait entre leurs
mains le jour où ils l'emploieraient à faire subir une
organisation nouvelle à la nation; ce jour-là, elle se sou-
lèverait tout entière. »

La session se passa ainsi sans aucun espoir de majorité pour l'opposition; mais elle ne se décourageait point
dans la défense des principes constitutionnels, et protestait contre les projets du ministère par des discussions
qui avaient plus de gravité et de calme que l'année
précédente. Les deux fractions opposantes étaient loin
d'être unies par une communauté d'opinions, mais elles
avaient en ce moment la même cause à défendre, et les
uns, comme les autres, ne voulaient point la compromettre par l'exagération de la violence.

Il n'en était pas ainsi hors de la région parlementaire;
les sentiments hostiles à la royauté et à l'ordre public
étaient devenus de jour en jour plus passionnés et plus
actifs. Les sociétés secrètes avaient pris un développement redoutable; bien qu'elles comptassent sur une
repression sévère, sur une action énergique du gouvernement, elles ourdissaient de continuelles conspirations et provoquaient des agitations populaires. Ce
fut la principale préoccupation du public et du gouvernement. Le degré de culpabilité, la réalité d'un commencement d'action ou d'une résolution arrêtée, les
relations des conjurés avec les chefs du parti accusé de
souhaiter une révolution, telles furent les questions que
les débats judiciaires eurent à agiter, que le ministère
public eut à traiter, et sur lesquelles les jurés pronon-
cèrent. Sous le précédent ministère, la conspiration mili-

taire avait été déférée à la juridiction de la cour des pairs; mais elle avait paru si timorée dans ses scrupules de légalité et dans son exigence de preuves que c'était aux tribunaux du droit commun que le nouveau ministère avait attribué les poursuites contre les complots.

Le plus grave, car il avait eu un commencement d'exécution, avait eu pour principal auteur le général Berton; il avait réussi à surprendre la ville de Thouars, à y arborer le drapeau tricolore, à y proclamer un gouvernement provisoire; puis il avait marché sur Saumur, où il avait des intelligences, mais ne s'était pas risqué à y entrer. Dès lors, son entreprise étant échouée, sa petite troupe se dispersa; quelques-uns de ses complices furent arrêtés; lui-même fut découvert trois mois après dans l'asile où il se tenait caché.

Le procès fut porté à la cour d'assises de Poitiers. Un magistrat distingué par son savoir, et dont le caractère était généralement estimé, était alors procureur général et fut chargé de poursuivre l'accusation; il y porta l'ardeur de l'esprit de parti plus que la gravité et le calme du magistrat. Produire les preuves contre les accusés, c'était son devoir; parler de sa conviction personnelle, en avouant qu'elle était dénuée de preuves, c'était se faire orateur politique et donner à penser qu'il agissait avec passion. Dans l'acte d'accusation, il avait énoncé qu'un des accusés, contumace et non présent à la procédure, avait parlé des relations qu'il avait eues avec MM. de Lafayette, Foy, Laffitte et Benjamin Constant. Ce n'était point dans un interrogatoire que cette déclaration avait été faite. L'accusation répétait un ouï-dire, sans citer aucun témoignage.

La session ouverte en 1821 avait été close; mais comme jusqu'alors le budget annuel n'avait pas été voté d'avance et qu'il était contraire au bon ordre des finances de le discuter et de le régler lorsqu'il était déjà en exercice, le ministère avait voulu ouvrir une seconde session. Ainsi de nouvelles élections venaient d'être faites et avaient, comme les précédentes, augmenté la majorité ultra-royaliste.

Ce fut pendant cette session que commença le procès de Poitiers. L'acte d'accusation fut publié, et les députés qui y étaient nommés s'en plaignirent vivement à la Chambre, protestant de la fausseté des faits qui leur étaient imputés; ils demandèrent qu'une enquête fût ordonnée et que la Chambre examinât la conduite du procureur général.

La discussion prit bientôt un caractère de violence; des paroles injurieuses furent proférées de part et d'autre. On avait dit aux ministres qu'ils n'avaient pas eu le courage de mettre les députés en accusation; M. de Villèle avait répondu : — « Si les débats du procès viennent à confirmer les faits indiqués par l'acte d'accusation, on verra si nous n'osons pas vous mettre en accusation. »

La Chambre passa à l'ordre du jour et la discussion se trouva ainsi terminée. Une proposition faite par M. de Sainte-Aulaire la renouvela : il demanda, en vertu d'une loi qui avait réglé le mode de poursuite des offenses envers les Chambres, que le procureur général fût traduit à la barre pour y répondre à l'accusation portée contre

lui de s'être rendu coupable d'offenses graves contre la
chambre des députés.

En développant sa proposition, il distingua l'instruction de l'accusation, qui ne doit contenir que les faits
dont l'instruction a donné la preuve et qui sont relatifs
aux accusés. — « Tout ce qui se rapporte aux personnes
contre lesquelles on n'a trouvé aucune preuve doit être
scrupuleusement écarté. L'acte d'accusation ne doit pas
être l'écho de témoignages reconnus pour calomnieux
par l'accusateur lui-même, puisqu'ils ne l'ont pas déterminé à accuser les personnes à qui on les impute.....
Pour les faits accusables, le procureur général dit : « ils
sont prouvés ; » puis toutes les ruses de la rédaction,
toutes les perfidies de l'induction sont employées pour
faire croire les faits dont l'accusateur ne peut pas dire :
« ils sont prouvés. » C'est un guet-apens judiciaire. »

La discussion fut longue ; M. Royer-Collard appuya
de sa parole grave et de sa sévère opinion la proposition
de M. de Sainte-Aulaire. Elle fut repoussée par deux
cent vingt-six suffrages, et l'on fut étonné qu'il y en eût
cent vingt-sept pour son adoption. En aucune autre délibération la minorité n'avait été aussi nombreuse.

Cette multiplicité de complots, le nombre des accusés,
le drame des débats publics, la composition du jury
étaient un des sujets d'émotion pour l'opinion publique.
Le pays n'aurait certes pas souhaité le succès de ces conspirations; mais il s'affligeait que le gouvernement fût en
butte à tant de haine et contraint à employer tant de
rigueur pour se défendre. L'année 1822 n'était pas encore terminée qu'on pouvait compter cinq procès de

conspiration : deux à Saumur, un à Colmar, à la Rochelle, à Toulon. Quinze condamnations à mort avaient été prononcées, et douze exécutions avaient eu lieu. C'était le triste symptôme d'une époque révolutionnaire. Toutefois il en résultait de la crainte et du découragement parmi les sociétés secrètes.

De nouvelles élections précédèrent l'ouverture de la session qui devait siéger en 1823; elles furent encore favorables au ministère. Quelques arrondissements ne subirent pas l'influence dominante. M. de Sainte-Aulaire fut réélu par l'arrondissement d'Alais dans le Gard.

La session de 1823 était destinée à délibérer sur la plus grande résolution qui eût été prise par le gouvernement royal depuis la Restauration. Toute l'Europe continentale se voyait menacée par l'esprit révolutionnaire; il animait partout des sociétés secrètes; il faisait des progrès journaliers dans l'opinion des peuples. La Diète germanique avait pris des précautions contre le danger. L'empereur Alexandre, changeant soudainement de principes et de systèmes, avait quitté sa tendance libérale pour ne plus songer qu'à contrarier ou réprimer les tentatives séditieuses qui menaçaient les souverains et leurs gouvernements. L'Autriche avait à main armée accompli la contre-révolution à Naples et à Turin. L'Espagne, garantie par sa situation géographique, maintenait la constitution qu'elle s'était donnée en 1812, lorsque, pendant son héroïque défense, elle n'avait plus de roi : constitution où aucun pouvoir réel n'était réservé au monarque. Ferdinand VII était dans la même position que Louis XVI, captif dans la constitution de 1791. Des provinces entières s'étaient soulevées pour le défendre et le venger ; une armée de la foi s'y était formée pour soutenir la cause de la religion et de la royauté.

Déjà depuis plusieurs mois les partis politiques qui divisaient la France reconnaissaient, chacun à son point de vue, que le gouvernement du roi ne pouvait regarder la révolution d'Espagne d'un œil indifférent, ni attendre dans l'inertie quel serait son dénoûment. Dès l'année précédente un corps d'armée avait été réuni sur la frontière, sous le prétexte de former un cordon sanitaire pour se garantir de la fièvre jaune.

Maintenant un congrès de souverains était réuni à Vérone, et la conduite à tenir envers l'Espagne devait y être décidée. Le roi y avait envoyé son ministre des affaires étrangères, M. de Montmorency. Le parti ultra-royaliste était, en grande majorité, ardent à désirer l'intervention armée en Espagne. Une double espérance lui inspirait ce vœu : opérer une contre-révolution, et par cette victoire donner au roi la force et la possibilité d'en faire une en France. Mais le roi et son ministère avaient des pensées plus prudentes. Les souvenirs de la résistance obstinée que les armées françaises avaient rencontrée pendant cinq années en Espagne, le danger d'avoir à combattre non-seulement des soldats, mais un peuple, tenaient dans l'hésitation les hommes sages, tout royalistes qu'ils pouvaient être.

Au congrès de Vérone, M. de Metternich, qui voyait que l'Allemagne et l'Italie avaient été mises en sûreté et que l'Espagne ne pouvait, ni par invasion, ni par contagion, mettre le continent en péril, ne croyait pas l'interven-

tion de la France nécessaire ; il pensait même qu'il pouvait
arriver qu'en essayant de réprimer une révolution elle
réveillât celle qui, chez elle, était encore mal assoupie.

M. Canning avait succédé à lord Castlereagh ; le
cabinet anglais ne se conduisait plus par les mêmes
principes et n'était point enchaîné par les mêmes pré-
cédents. Il ne pouvait regarder d'un œil favorable la
guerre, qui allait ramener les armées françaises en Espagne. Que leur succès fût plus ou moins facile, il n'en
résultait pas moins que l'Angleterre perdait dans la Péninsule une influence qu'elle avait toujours voulu acquérir ou conserver. D'ailleurs, cette grande résolution, prise
avec l'inspiration et le consentement des puissances du
continent, isolait pour ainsi dire l'Angleterre : elle avait
été l'âme et le bras de la coalition contre la France ;
aujourd'hui une coalition nouvelle existerait pour faire
régner partout les principes les plus opposés à ses opinions et à sa constitution.

M. de Montmorency aurait été personnellement porté
à l'intervention, mais il ne pouvait s'écarter des intentions du roi et des instructions de M. de Villèle. M. de
Chateaubriand, qui était alors ambassadeur en Angleterre, désira d'être aussi envoyé au congrès. Il passait
pour être disposé à la politique prudente. Arrivé à Vérone, il trouva l'empereur Alexandre animé contre la
révolution espagnole, persuadé par des informations
particulières qu'une armée française ne rencontrerait
point la résistance qu'on craignait, et satisfait, sans inquiétude ni jalousie, de voir la France se charger de
cette mission.

M. de Chateaubriand revint de Vérone, rapportant
la guerre ; il remplaça M. de Montmorency au département des affaires étrangères.

Tel était l'état de la question lorsqu'elle fut portée
aux discussions des Chambres, d'abord par le discours
du roi, puis par la demande d'un crédit de 100 millions
affectés aux dépenses de la guerre. Une vive opposition
se manifesta dans les deux Chambres ; car l'avénement
du parti ultra-royaliste au pouvoir avait suscité un parti
opposant à la chambre des pairs ; il était modéré de
langage et d'opinion, n'était gêné par aucune alliance
avec des libéraux hostiles à la monarchie, et réunissait
les partisans des différents ministères qui avaient pré-
cédé M. de Villèle. Cependant il était en minorité
et ne pouvait espérer un succès de vote. Les débats
de la chambre des députés ne se passèrent pas avec
autant de calme ; la toute-puissance du parti ministériel se manifesta dans un incident qui prit plus d'importance que le sujet même de la discussion et qui la
termina.

M. Manuel était en ce moment le premier orateur
de l'extrême gauche ; il était homme de talent et de
courage ; calme au milieu des orages les plus bruyants
des assemblées, son langage, sans être habituellement
déclamatoire, allait souvent au delà de ses opinions
véritables ; il aimait à provoquer et à blesser ses adversaires ; mais il était d'ordinaire assez habile et maître
de soi pour garder une convenable mesure. La majorité le voyait avec déplaisir monter à la tribune, le

croyant beaucoup plus ennemi de la monarchie qu'il ne l'était réellement.

La discussion durait depuis plusieurs jours ; elle avait été animée et toutefois grave. M. Royer-Collard, M. le général Foy, M. Bignon, avaient parlé avec succès. M. de Martignac, dont l'esprit et le talent commençaient à le faire connaître, avait défendu le projet. M. de Chateaubriand, qui, dans cette lutte, soutenue dans les deux Chambres, parla, sans aucun souvenir de son talent poétique et littéraire, avec le langage facile, clair et convenable aux grandes affaires, avait répondu aux objections et aux reproches. Un discours de M. de Labourdonnaye avait au contraire aigri et passionné le débat.

M. Manuel prit la parole, après ces divers orateurs. Le parti ministériel s'attendait à quelque discours excessif, et guettait pour ainsi dire l'occasion de s'indigner et de s'écrier contre l'orateur. En parlant de ce qui arriverait en Espagne si l'intervention rétablissait le roi Ferdinand dans son pouvoir absolu, il rappela ce qui s'était passé aussitôt après sa restauration et avant la révolution espagnole ; il disait que, — « même lorsqu'il n'avait aucune vengeance à exercer, son gouvernement avait été terrible, il avait été atroce. »—A ces mots les clameurs l'interrompirent. On demandait le rappel à l'ordre. M. Ravez présidait ; lui seul, d'après le règlement, avait le pouvoir de rappeler à l'ordre ; il répondit avec fermeté que M. Manuel avait dit, non pas que le roi d'Espagne, mais que son « gouvernement avait été atroce. »

La majorité rentra difficilement dans le calme ; bientôt après elle s'émut d'une colère encore plus vive.

M. Manuel disait que l'intervention française pourrait compromettre et aggraver la situation du roi d'Espagne.

—« Auriez-vous donc oublié que, dès le moment où les puissances étrangères envahirent le territoire français, la France révolutionnaire, sentant le besoin de se défendre par des forces nouvelles, par une nouvelle énergie?...»

Cette fois l'explosion fut terrible. Les apostrophes, les menaces, les injures furent adressées à l'orateur. On criait : « A bas! à l'ordre ! » Le président, tout favorable qu'il pouvait être au parti dont le courroux éclatait ainsi, répondit avec son impartialité magistrale que, si les dernières paroles prononcées par l'orateur pouvaient paraître blâmables, on devait remarquer qu'il n'avait pas achevé sa phrase et qu'on n'en connaissait pas le vrai sens.

Rien ne fut écouté; l'ordre ne put être rétabli. On ne voulut point permettre à l'orateur de continuer sa phrase. Le président suspendit la séance pour une heure. Lorsqu'elle fut rouverte, le tapage recommença. Le président se refusa à mettre aux voix le rappel à l'ordre, et la Chambre se sépara aux cris de *Vive le roi!* que poussait la majorité.

M. Manuel avait écrit au président une lettre où il disait que sa phrase devait se terminer ainsi; après les mots : « une énergie nouvelle, » il aurait ajouté : — « ... mit en mouvement les masses, exalta toutes les passions populaires, et amena ainsi de terribles excès et une catastrophe déplorable au milieu d'une généreuse résistance. »

La majorité refusa d'entendre la lecture de cette lettre; elle ne voulait pas même entendre M. Manuel : on

demandait qu'il fût interdit de la tribune. Une proposition de M. de Labourdonnaye alla plus loin : il demanda
l'exclusion de M. Manuel, l'accusant d'avoir fait l'apolo-
gie du régicide. Les deux partis, l'un réduit à une faible
minorité, l'autre d'autant plus violent qu'il se sentait
plus fort, éclatèrent en réciproques invectives.

M. Manuel fut toutefois écouté dans les explications
qu'il donna sur la phrase qu'on ne lui avait point permis d'achever. Son discours, ferme et mesuré dans ses
termes, n'avait point le ton de la justification, et il n'é-
pargnait point à ses accusateurs de vives récriminations.
— « Ce n'est pas l'esprit de conservation qui vous anime,
c'est l'esprit de parti. Vous faites ce que les Montagnards
en 1793 firent contre ceux qui bravaient leurs efforts,
en essayant de défendre une sage liberté. Votre droit,
c'est le droit du plus fort... Vous ne voulez pas que
justice soit faite ; vous voulez me repousser de cette tribune; je n'en suis pas surpris : il faut que les passions
aient leurs résultats... Je serai votre première victime;
puissé-je être la dernière ! Si je pouvais être capable d'un
esprit de vengeance, victime de vos fureurs, je laisserais
à vos fureurs le soin de me venger. »

M. Lainé et ses amis avaient été offensés de l'esprit et
de l'opinion qui apparaissaient avec évidence dans le
discours de M. Manuel. Ils avaient voulu le rappel à l'ordre, et peut-être même un vote de blâme; mais exclure
un député, lui retirer son droit conféré par l'élection,
infliger une peine malgré l'inviolabilité de la tribune,
c'est à quoi ils ne pouvaient consentir. Tout ce qu'ils
purent obtenir, c'est que la proposition serait renvoyée

à une commission ; elle fut composée de telle sorte que M. de Labourdonnaye fut choisi pour rapporteur. Le rapport fut donc un second acte d'accusation.

La séance où cette proposition fut discutée (3 mars) eut une grande solennité ; l'attention publique s'en préoccupait, mais sans inquiétude, sans effroi. La comparaison que M. Manuel avait faite du parti royaliste avec les Montagnards poursuivant les Girondins pouvait en droit ne pas manquer de justesse ; dans la réalité, les passions du parti vainqueur étaient sans doute très-excitées, mais les circonstances et l'existence de la monarchie constitutionnelle ne laissaient craindre rien de plus qu'un excès de pouvoir, qu'une manifestation imprudente du parti dominant.

M. Manuel allait avoir pour défenseurs, non-seulement ses amis et les députés de l'extrême gauche appartenant à la même opinion que lui, mais aussi les libéraux royalistes, qui se faisaient un devoir de protester contre un tel abus de la force, contre une telle violation des libertés constitutionnelles. Ils ne pouvaient plaider la cause de l'accusé par les mêmes arguments, ni dans le même langage.

M. de Sainte-Aulaire ouvrit la discussion. — « Si la question devait être traitée seulement dans l'intérêt de M. Manuel, je ne me serais point présenté à la tribune. Il eût été inutile d'offrir mon secours à celui qui se suffit si bien à lui-même et dont le talent égale le courage. Mais j'ai pensé qu'il était utile d'examiner quelles seraient, pour l'honneur du corps dont je fais partie, les conséquences de la mesure qu'on vous propose. On

vous demande d'appliquer à M. Manuel la peine la plus
sévère que vous ayez non pas le droit, mais la puissance de prononcer : l'exclusion de la Chambre, c'est-
à-dire l'interdiction des droits civils, peine classée parmi
les peines infamantes. Vous voulez flétrir M. Manuel
devant l'opinion publique; mais cela ne dépend pas de
vous : si votre jugement n'obtient pas l'approbation de
la France, le sentiment d'indignation et d'hôrreur que
vous prétendez attacher à sa personne retombera sur
vous. On vous accusera avec raison d'avoir violé les
droits du département qui l'a élu, et les principes con-
sacrés par la Charte, pour satisfaire votre haine, pour
vous venger d'un homme qui vous a blessés et dont
vous redoutez le talent... M. le rapporteur croit sans
doute inutile de prouver le délit qu'il vous propose de
punir; il se contente de dire que vous avez éprouvé un
sentiment pénible en entendant la phrase de M. Manuel.
Il a voulu ranimer votre colère. Au contraire de ce phi-
losophe qui disait à son esclave : « Je te frapperais si
je n'étais pas en colère, » il vous dit : « Frappez parce que
vous êtes en colère... » Il s'agit de savoir si cette colère
est fondée; il faut examiner si la passion ne vous a point
égarés. Dites-nous si dans cette orageuse séance vous
étiez dans cette disposition d'impartialité nécessaire à
des juges. — Non, assurément. Vous avez assailli la tribune; vous avez hué un de vos collègues; vous avez
donné le scandaleux spectacle d'un accusé insulté par
ses juges. »

M. de Sainte-Aulaire examinait ensuite si la phrase
incriminée était réellement une justification du régicide.

Il n'y voyait rien de pareil; le sens, s'il était douteux, devait être déterminé par la fin de la phrase, qu'on n'avait point voulu entendre.

Puis, revenant à la violation du droit électoral, il demandait si le roi serait contraint de regarder cette exclusion comme une vacance et de convoquer le collége pour remplacer M. Manuel. — « Qu'arriverait-il si ce collége réélisait M. Manuel? S'il en était autrement, ce serait une preuve nouvelle des machinations qu'emploie le ministère pour exclure les candidats qui ne lui plaisent point. Ne voyez-vous pas que la minorité diminue chaque jour, et ne connaissez-vous pas tous les moyens par lesquels on cherche à nous écarter de la Chambre?

« Moi-même, Messieurs, on ne propose pas encore à la Chambre de m'exclure; toutefois j'ai vu des hommes honorables traités de factieux pour m'avoir donné leur voix; des fonctionnaires destitués, un brave colonel rayé des contrôles de l'armée. »

Il rappela ensuite comment, pour renverser le ministère de M. de Richelieu, le parti maintenant maître du pouvoir avait quêté les voix de ceux qu'il poursuivait de ses accusations. — « Aujourd'hui vous ne voulez pas renverser de M. Villèle, mais vous lui jetez à la tête nos droits et nos libertés. »

M. Royer-Collard, tout en qualifiant d'aussi impolitique qu'illégal le coup d'État que voulait exécuter la majorité, blâma sévèrement « l'inconvenance, ou la sécheresse et le manque de respect avec lesquels, sans préméditation, les défenseurs de la Révolution parlaient des choses, des événements et des personnages que tous les sentiments honnêtes rendent sacrés. » — La manière dont M. de Sainte-Aulaire et M. Royer-Collard avaient défendu M. Manuel l'irrita peut-être plus que les discours de ses accusateurs. Ainsi se distinguaient nettement ceux qui s'opposaient à un acte de despotisme ou de haine de ceux qui ne voulaient pas avouer que leur orateur avait manqué de convenance.

Le résultat de la délibération n'était pas douteux ; M. Manuel n'essaya plus de combattre l'aveugle colère qui s'acharnait sur lui. — « Je n'attends point, dit-il, un acte de justice ; c'est à un acte de vengeance que je me résigne... Entré dans cette Chambre par la volonté de ceux qui avaient le droit de m'y envoyer, je ne dois en sortir que par la violence de ceux qui n'ont pas le droit de m'en exclure. »

Le lendemain M. Manuel vint se rasseoir à son banc, comme si le vote de la veille eût été non avenu. Le président attendit longtemps avant d'ouvrir la séance. Une foule nombreuse entourait les abords de la salle ; on prévoyait qu'il faudrait user de violence : c'était un motif de plus grande satisfaction pour cette majorité exaltée ; pour le ministère, c'était le sujet de quelque inquiétude : il voulait procéder avec mesure et prudence.

La police de la Chambre appartenait au président ; il rendit compte à l'assemblée de l'ordre qui avait été donné aux huissiers de ne pas laisser entrer M. Manuel ; cet ordre était resté sans exécution : il avait passé malgré la consigne. Puis, s'adressant à M. Manuel, il l'invita à se retirer. — « Monsieur le Président, répondit-il, j'ai

annoncé hier que je ne céderais qu'à la violence, aujour-
d'hui je viens tenir ma parole. »

Le président suspendit la séance pendant une heure
afin de prendre les dispositions nécessaires pour que la
volonté de la Chambre fût faite.

La séance fut rouverte, et le chef des huissiers, suivi
de quatre huissiers, s'avança vers M. Manuel et lui fit
lecture de l'ordre qu'il avait reçu du président de faire
sortir le député exclu par la délibération de la veille. —
« Si vous n'obtempérez pas à l'ordre de M. le président, je
serai contraint d'employer la force, ajouta l'huissier. —
Exécutez les ordres que vous avez reçus, répondit M. Manuel; je ne me rendrai qu'à la violence. » — Après
plusieurs injonctions inutilement répétées, l'huissier
se retira, et peu après on vit entrer un peloton de la
garde nationale, suivi d'un détachement de vétérans.
Les députés de gauche se levèrent en s'écriant : —
« Quoi! c'est la garde nationale qu'on choisit pour violer
la représentation nationale! » — Le chef de bataillon
qui commandait le détachement s'approcha de M. Manuel et l'engagea à se retirer; il n'obtint aucune réponse. Alors il commanda aux gardes nationaux d'arrêter M. Manuel.

Les apostrophes et les exhortations des députés de la
gauche avaient continué; les gardes nationaux restaient
immobiles. Le chef de bataillon prit le sergent par le bras
et voulut l'entraîner vers M. Manuel. Il résista et refusa,
ainsi que tous ses camarades. Les députés de la gauche
applaudissaient; la majorité était calme, mais étonnée.

Alors entra le colonel de la gendarmerie de Paris,

suivi d'un peloton de gendarmes. — Il répondit aux in-
terpellations des députés qu'il avait reçu l'ordre du président de faire sortir M. Manuel, et qu'il serait obligé
d'employer la force s'il n'obéissait pas. Puis, s'adressant à M. Manuel, il lui dit : — « Je suis fâché d'employer
la force; mais c'est mon devoir. — Exécutez vos ordres, répondit froidement M. Manuel.— Empoignez cet
homme-là, » dit le colonel aux gendarmes.— Ils montè-
rent à son banc, mirent la main sur lui, et, après cette
démonstration, il quitta la salle, entouré des gendarmes
qui le conduisirent hors de la salle. Là il fut laissé libre,
monta dans une voiture avec deux de ses collègues, et
traversa la foule qui environnait le palais, salué des cris :
Vive Manuel!

Telle fut cette scène, qui est demeurée célèbre dans
les annales parlementaires de la Restauration; elle témoigna à la fois de la violence irréfléchie du parti dominant,
et de la conviction générale qu'il ne pouvait aller au
delà de cet acte de despotisme. Personne n'eut un instant
d'inquiétude pour M. Manuel; la majorité avait prononcé contre lui un arrêt despotique et arbitraire, mais
elle lui avait procuré un triomphe qui, dans les circonstances actuelles, ne pouvait pas non plus avoir de conséquences. L'opinion générale avait été insultée, et en
avait le sentiment; mais on était encore loin du moment
où son irritation serait assez vive pour la pousser à
l'action. Le public s'était ému d'un intérêt dramatique
plutôt que d'une indignation exaltée.

Le lendemain, soixante députés du côté gauche adres-
sèrent une protestation au président, et déclarèrent qu'ils

cesseraient de prendre part aux délibérations de la Chambre. Les députés de la nuance d'opinion de M. Royer-Collard ou de M. de Sainte-Aulaire ne s'associèrent pas à cette démarche, qui semblait peu sage, même à la plupart de ceux qui avaient donné leur signature.

Ainsi fut terminée la délibération sur le crédit de 100 millions, c'est-à-dire sur la guerre d'Espagne. Jamais le parti ultra-royaliste n'avait été plus puissant et plus triomphant : il avait chassé M. Manuel, et en même temps le parti libéral presque tout entier.

Lorsque fut close cette discussion, qui se renouvela dans la chambre des pairs avec un caractère d'énergique gravité, il ne s'éleva plus une voix contre l'intervention qui devait rétablir la monarchie absolue en Espagne.

C'était non-seulement contre le principe et le but de cette guerre que l'opposition s'était déclarée, mais contre l'imprudence apparente de cette entreprise. De sincères amis de la monarchie croyaient que le peuple espagnol résisterait à l'invasion avec le même patriotisme et la même obstination qu'à la conquête de 1808. Selon leur avis, le gouvernement du roi se créait des dangers et des embarras dont on ne prévoyait pas le terme. D'autre part personne n'ignorait que les sociétés secrètes avaient pénétré dans l'armée ; déjà plusieurs officiers avaient passé au service de la révolution espagnole. Une police soupçonneuse et tracassière, en travaillant à épurer l'armée, augmentait le péril, et pouvait hâter le moment d'une vaste sédition militaire.

Malgré la défaite des oppositions parlementaires et le silence de la tribune, malgré la compression des journaux, le parti libéral était donc loin de se croire vaincu. Ses illusions étaient complètes; il ne doutait pas qu'une crise révolutionnaire fût prochaine. Déjà on songeait au lendemain, et même l'usage qu'on ferait du succès inquiétait les plus sages.

Le mécompte fut prompt et ridicule. M. le duc d'Angoulême mit fin aux investigations et aux procédés arbitraires de la police. Il eut confiance dans la loyauté de l'armée française, assuré qu'il était que devant l'ennemi les soldats seraient fidèles à leur drapeau. La discipline fut exacte, le pillage interdit; des proclamations annoncèrent que l'armée française ne servirait pas d'instrument à une réaction cruelle. M. le duc d'Angoulême était entré en Espagne au commencement d'avril. Le 1er octobre Cadix s'était rendu; Ferdinand VII était délivré et reprenait le pouvoir absolu, sans qu'aucune garantie contre sa tyrannie et ses vengeances fût laissée à la nation espagnole. Le gouvernement français n'avait mis nulle condition au secours qu'il avait accordé. Le triomphe du parti dominant était complet et glorieux : il s'était montré habile et hardi dans sa politique; il avait conduit l'armée à la victoire sous le drapeau blanc. Les opposants s'étaient trompés dans leurs pronostics; le gouvernement avait eu avantage sur eux, non-seulement par la force, mais par la raison.

Il se hâta de mettre à profit ce concours de circonstances heureuses; la chambre des députés fut dissoute, tant on était assuré que les élections faites à un tel moment donneraient une majorité encore plus nombreuse et plus décidée. Une promotion de trente Pairs fut composée de généraux qui avaient fait la guerre d'Espagne, de députés notables dans le parti ultra-royaliste, d'administrateurs distingués. Jamais ministère ne s'était trouvé dans une plus belle position et n'avait paru aussi solidement établi. — « Messieurs les libéraux, disait-on, vous en avez pour vingt-cinq ans. »

Les élections furent telles qu'on y comptait. M. de Sainte-Aulaire, ainsi qu'il l'avait prévu, ne fut point réélu dans le Gard. Même avant la guerre d'Espagne il regardait sa vie politique comme finie, ou du moins interrompue pour longtemps. Son goût, l'activité de son esprit, la société où il avait toutes ses habitudes, le portaient aux occupations littéraires; elles remplissaient les loisirs de ceux de ses amis qui n'étaient plus dans les fonctions publiques.

On était alors assez préoccupé de la littérature dramatique; la guerre entre le classique et le romantique, entre le théâtre français et les théâtres étrangers, agitait les esprits alors pleins d'activité, et mis en mouvement comme si les lettres participaient à un besoin universel de liberté. Des traductions de Shakspeare et de Schiller venaient d'être publiées; une collection des théâtres étrangers fut entreprise. M. de Sainte-Aulaire y donna la traduction de *l'Expiation* (*die Schuld*), de Müllner; d'*Émilie Gulotti*, de Lessing; de *Faust*, de Gœthe. Il aimait la littérature et l'esprit allemands; il y trouvait un caractère ingénieux, qui, même lorsqu'on pouvait le juger trop subtil et un peu paradoxal, ne lui déplaisait pas. Tout ce qui donnait à penser, ce qui prêtait à une sorte d'escrime de conversation, avait toujours de l'intérêt pour lui. Quelques pages, intitulées modestement « Remarques du traducteur, » expliquent d'une manière fine et spirituelle comment et pourquoi le système dramatique et la peinture des passions et des caractères ne peuvent plus avoir les mêmes couleurs et les mêmes procédés que le théâtre antique et même le théâtre français. Le mode de traduction est aussi le sujet de quelques réflexions. — « En essayant, disait M. de Sainte-Aulaire, de conserver à la traduction la couleur de l'original, en reproduisant le texte aussi littéralement que la langue française le permet, le traducteur arrive à un effet tout différent, car il donne un air étranger à ce qui en allemand était naturel et facile. » — Il était donc porté à franciser l'expression de l'auteur original. C'était ainsi que, sans en faire une théorie, on traduisait pendant le xviie siècle ; depuis, un autre procédé a généralement prévalu.

Les travaux historiques intéressaient aussi beaucoup le public. On a dit avec raison que l'histoire était à refaire tous les cinquante ans. En effet la curiosité des lecteurs se porte, selon les époques, sur des circonstances diverses ; ils veulent qu'on leur fasse connaître des faits, qu'on leur présente des tableaux, qu'on leur propose des jugements qui n'ont pas attiré l'attention des précédentes générations. D'ailleurs, sur la scène du monde, on voyait représenter un drame plus animé et plus varié que cent ans auparavant ; le caractère et les passions des hommes et des peuples s'étaient montrés avec plus d'évidence, lorsqu'ils avaient été en action hors des lois, des habitudes, des opinions qui les régissaient à une époque d'ordre et de calme. Le présent était un enseignement nouveau qui faisait comprendre mieux les causes et les ressorts des événements. La philosophie, la morale et la critique historiques avaient à prononcer d'autres arrêts que ceux des littérateurs d'un autre temps : le point de vue du tableau était changé.

Ainsi l'histoire s'était surtout intéressée aux guerres et aux souverains ; maintenant on voulait connaître quel avait été, à telle ou telle époque, l'état des peuples ; comment ils s'étaient combinés en unités nationales ; quelles races, quelles classes les avaient composés ; quelles lois les avaient gouvernés ; quelles passions ils avaient ressenties ; quels changements successifs avaient modifié leur situation et influé sur leur bien-être ; quels hommes avaient exercé leur pouvoir ou leur influence sur eux ; quelle marche avait suivie la civilisation ; comment les événements s'étaient enchaînés, sinon par une nécessité fatale, du moins par le lien de la cause à l'effet.

Ainsi pensait M. de Sainte-Aulaire lorsqu'il écrivait à un ami : —« La passion m'a pris d'écrire l'histoire. Si je me laisse aller à cette séduction, je prendrai un cadre restreint, une époque dont les faits sont connus, sans être pourtant bien compris ; car l'expérience du présent est souvent nécessaire pour comprendre le passé. Il ne suffit même pas toujours d'avoir été acteur, et même homme de génie, comme le cardinal de Retz, pour bien savoir ce qu'on a fait. Je voudrais analyser les faits et mettre en lumière les causes, et surtout celles que l'expérience nous a appris à reconnaître comme puissantes et efficaces dans les événements de nos jours. Je voudrais me placer en 1823, et de ce point de vue interroger les hommes et les choses du temps passé, en me méfiant pourtant de l'esprit de système et de parti. Je n'aurai peut-être pas la couleur locale ; la vérité ne sera point dans la forme, mais elle sera, je crois, plus substantielle. Aujourd'hui les individus se perdent dans les masses ; jadis l'ordre social était disposé de telle sorte que les masses étaient cachées derrière les individus. Ils en étaient autrefois les représentants, et, à leur insu, en recevaient leur direction. Ce qu'on a raconté parfois comme des anecdotes frivoles et personnelles était, au fond, des faits généraux. »

Quel que soit le système adopté par l'historien, le point essentiel est de donner au récit un intérêt qui attache et retienne le lecteur ; on peut lui dire explicitement quel jugement on porte d'un fait ou d'un homme, on peut insister sur les causes ; mais c'est leur effet qui compose le drame ou le tableau. M. de Sainte-Aulaire savait et pratiquait cette condition de succès ; l'histoire de la Fronde est une lecture attrayante. Les récits ont le mouvement et la vie ; le langage est d'une facilité élégante, sans la moindre recherche ; tout est clair et vif ; aucune partie de la composition n'est sacrifiée à une autre : c'est une histoire écrite avec unité et proportion. On pourrait dire qu'elle est racontée dans une conversation spirituelle.

L'idée générale du livre est qu'à cette époque la nation éprouvait le besoin d'être bien gouvernée, d'obtenir des garanties de justice et de bonne administration ; qu'arrivée au même degré de civilisation que l'Angleterre, elle s'agitait aussi pour parvenir à un but qu'elle n'atteignit pas.

Mais ce n'est pas à dire que M. de Sainte-Aulaire ait pensé qu'il y eût la moindre analogie dans les opinions, dans les efforts, ni dans les éléments sociaux de la France au milieu du xviie siècle et de la France à la fin du xviiie siècle. — « Ce serait, dit-il dans la préface, un puéril jeu d'esprit que de rechercher des comparaisons entre deux époques si différentes; mais le caractère général des faits nous autorise à dire aux contempteurs du temps passé : Vous êtes injustes envers l'ancienne France quand vous l'accusez d'avoir été indifférente pour ces grands principes de l'ordre social qui touchent si intimement au bonheur et à la dignité de l'homme. Des esprits éclairés, de généreux courages les avaient compris avant nous, et des efforts avaient été tentés dès longtemps par la magistrature et la bourgeoisie pour concilier les franchises nationales et les droits du pouvoir royal. » — En effet, l'auteur de l'histoire de la Fronde se complaît à raconter la conduite du Parlement, cet esprit de résistance contre la violation des lois et de la justice, ces appels à des garanties formelles pour la liberté individuelle, pour le droit de propriété, et pour la bonne gestion des revenus et des dépenses de l'État : réclamations déjà présentées à plusieurs époques de la monarchie par les états généraux. En même temps il fait remarquer ce respect pour l'autorité royale, et ce désir de prévenir ou de terminer la guerre civile par voie de transaction. Puis, lorsque la rébellion des princes et des grands seigneurs appelle comme auxiliaires les

séditions de la populace, M. de Sainte-Aulaire déplore
que le Parlement, contraint à abandonner une cause
souillée par de tels excès, se soumette humblement au
pouvoir qu'il avait combattu.

On a reproché à l'historien de la Fronde d'avoir montré une sorte de complaisance, et presque de prédilection,
pour la Fronde de la noblesse. Les princes, qui en étaient
les chefs, ne réclamaient aucune liberté nationale; ils
voulaient l'augmentation de leurs richesses et de leur
pouvoir; ils voulaient des places de sûreté pour maintenir leur indépendance; ils traitaient avec les étrangers,
afin de recevoir leur aide dans la guerre civile. Rien de
tout cela n'est caché, ni justifié par M. de Sainte-Aulaire;
seulement le récit a pris la couleur des faits : ces coupables désordres, ces crimes contre le pays et le roi
s'accomplissaient avec une frivole facilité, sans avoir
conscience de ce qu'on faisait, et par tradition d'indépendance féodale.

Pour être dans le vrai, il fallait bien dire que ces ré-
voltes des princes et de leurs gentilshommes avaient
été en quelque sorte le droit commun de la noblesse
française; loin d'être le soutien du despotisme, elle se
croyait le privilége de l'anarchie.

M. de Sainte-Aulaire s'occupa, pendant trois ans, de
l'œuvre qu'il avait entreprise, sans rien changer au train
ordinaire de sa vie, au milieu de sa famille, cultivant ses
amis, ne négligeant pas les devoirs de société. — « Quant
à la politique, écrivait-il, nous sommes désormais pour
si peu dans les grands débats que, par suite de notre
inutilité, l'indifférence nous gagne, et nous nous habi-

tuons à n'y plus penser. Cela est honteux, je le sens bien, mais que voulez-vous? Les détails de la vie privée ont tant de charme que chacun en jouit plus ou moins, et n'engage que peu de son esprit, moins encore de son cœur, dans les questions générales. Pour les affaires, nous sommes dans le passé; vivons dans le présent pour nous réjouir entre honnêtes gens. Il fait bon vivre en France au xixe siècle; personne ne nous en ôte notre part. »

L'avénement de Charles X confirmait M. de Sainte-Aulaire dans cette douce patience.— « Le roi actuel est plus accessible au présent que le pauvre défunt; il a envie de plaire, et même d'être bien avec l'opposition. Cela ne durera point assurément; mais je crois qu'il veut et espère consolider les formes de notre gouvernement. »

Cette espérance était sincère, mais se rapportait seulement à une courte durée. Le parti royaliste était plus ardent que le roi, et même que ses ministres, mais on gouvernait pour lui complaire; on lui obéissait plus ou moins. Déjà même il commençait à se diviser; une opposition se formait dans son propre sein, pour le pousser à une contre-révolution complète. En même temps une nouvelle scission avait donné pour adversaires au ministère, non pas seulement des opposants, mais des ennemis passionnés, ardents à la destruction d'un pouvoir qui n'avait pas craint de les aliéner, en renvoyant M. de Chateaubriand.

En même temps la pensée de réformer la France dans ses lois et dans ses mœurs se produisait chaque jour avec plus d'imprudence : on vit paraître successivement

les projets de loi sur le sacrilége et sur le droit d'aînesse,
qui bravaient et offensaient l'opinion générale. La con-
version des rentes et un milliard accordé en indemnité
aux émigrés ne provoquaient pas la même irritation;
mais rien n'était approuvé venant d'un ministère qui
rencontrait de tous côtés la méfiance et le mécontene-
tement.

La chambre des pairs devint le principal lieu d'opposition, et conquit alors une popularité qui la rendait consi-,
dérable parmi les grands pouvoirs de l'État; mais M. de
Sainte-Aulaire n'était d'aucune Chambre et conservait le
calme et le loisir. En 1824 et pendant tout 1825, il voya-
gea en Suisse et en Italie avec sa famille; il s'arrêta dans
les principales villes et fit un assez long séjour à Rome,
goûtant les vives impressions de la nature, des arts et des
souvenirs, comme aussi les plaisirs de l'observation si
conformes à son genre d'esprit. L'histoire de la Fronde
fut publiée en 1827 et obtint beaucoup de succès.

Ce fut en cette année que parut avec évidence la ruine
prochaine du ministère de M. de Villèle, qui devait nécessairement amener la fin de la domination ultra-royaliste.
Une loi nouvelle encore destinée à diminuer la liberté
de la presse, après avoir péniblement traversé les discussions de la chambre des députés, était venue échouer à
la chambre des pairs; la garde nationale de Paris avait
été dissoute; la majorité était perdue dans la chambre
des pairs, elle devenait douteuse chez les députés. De
grandes mesures semblaient indispensables pour éviter
une crise. Il était question, parmi les chefs du parti, de
suspendre la Charte ou de la dénaturer. Le roi et ses

ministres n'étaient pas portés à de telles extrémités. Depuis deux ans, la durée de la chambre élective avait été fixée à sept ans; elle devait être renouvelée intégralement, mais elle pouvait être dissoute par le roi. Ce fut à cette détermination qu'il s'arrêta, bien que le pronostic des élections ne fût pas aussi favorable qu'aux élections précédentes. En même temps, une promotion de soixante-seize pairs devait rétablir la majorité.

Les élections furent faites dans presque toute la France avec une vivacité d'opinion dont on n'avait pas encore vu l'exemple. M. Royer-Collard fut élu par sept colléges, .M. de Sainte-Aulaire par les arrondissements de Verdun et de Libourne. On vit reparaître tous les députés libéraux, royalistes ou révolutionnaires. Les démonstrations de joie et de triomphe furent bruyantes et désordonnées dans les rues de Paris, et donnèrent lieu à une répression qui augmenta le mal. Il y eut des barricades et des décharges de mousqueterie; l'opinion populaire resta plus irritée qu'intimidée.

Le roi ne vit pas d'abord quelle était la portée du mouvement de l'esprit public; il n'eut point la pensée de recourir à un coup d'État pour maintenir ses .ministres; eux-mêmes n'auraient pas voulu jeter la monarchie dans de si dangereux hasards. M. de Villèle eut peut-être la pensée d'entrer en transaction avec un des partis opposants et de le prendre pour allié : cela était impossible.

Le roi, qui jugeait mal de la situation, voyait avec regret que ses ministres avaient encouru l'aversion de tous les partis et qu'ils compromettaient son autorité; mais il imaginait que son gouvernement n'en devait pas moins continuer d'être dirigé dans la même voie, exercé d'après les mêmes principes. Il s'agissait seulement de trouver des ministres plus heureux ou plus habiles, qui, en se conformant à ses opinions et à ses intentions, sauraient en même temps obtenir et conserver faveur dans l'opinion publique et majorité dans les Chambres.

C'est dans cet esprit que fut formé un nouveau cabinet. Les ministres furent pris dans cette opinion royaliste qui avait rallié beaucoup d'hommes de talent et de mérite au second ministère de M. de Richelieu. Il était mort depuis plus de cinq ans; M. Pasquier et M. Lainé étaient à la chambre des pairs; leur concours était assuré, mais ils n'auraient pas voulu être ministres. M. de Martignac s'était montré orateur distingué, homme sage et modéré; l'opinion publique lui était bienveillante : il fut ministre de l'intérieur. M. de la Ferronays était connu pour raisonnable et sans exagération; son caractère avait de l'indépendance, et l'on savait de quelle haute considération il avait joui en Russie : il eut le département des affaires étrangères; M. Roy, les finances; M. Portalis fut garde des sceaux. Afin d'indiquer qu'il s'agissait d'un changement de personnes plus que d'un changement de système, le roi conservait M. l'évêque d'Hermopolis à l'instruction publique et M. de Chabrol à la marine.

Peu de jours s'écoulèrent, et il fallut reconnaître que le nouveau cabinet avait à suivre la marche, non pas du second, mais du premier ministère de M. de Richelieu; il allait rencontrer pour opposant le parti ultra-royaliste, et, s'il voulait avoir une majorité, il fallait qu'elle se composât des libéraux monarchiques repoussés depuis plus de sept ans,

des libéraux excessifs, et du parti qui, au signal de M. de
Chateaubriand, s'était constitué en hostilité contre le gouvernement et professait les doctrines constitutionnelles
avec un zèle ardent. C'était contre cette défection que le
roi et le parti dépossédé du pouvoir avaient le plus de
rancune. Elle était en coalition avec les libéraux ; elle
avait travaillé avec eux et pour eux aux élections ; elle
leur assurait la majorité à la chambre des députés. Ce
fut par son concours que M. Royer-Collard et M. Casimir
Périer furent candidats à la présidence, sur la même liste
que trois députés choisis parmi ces nouveaux alliés de
l'ancienne opposition.

Dès lors le caractère du cabinet fut manifeste ; les
deux ministres que le roi avait voulu conserver furent
remplacés par M. Hyde de Neuville et M. de Vatismenil,
et il fut entendu que les projets de loi seraient conçus
dans un esprit de liberté et de garantie. Ainsi se passa
la session, où le ministère eut constamment la majorité.
Les discussions furent vives, et souvent il fut nécessaire
de résister aux exigences et aux attaques de l'ancienne
gauche, essentiellement haineuse et méfiante contre tout
pouvoir. M. de Sainte-Aulaire prit peu de part à ces
débats. Hormis M. Royer-Collard, qui se trouvait porté
à une position que son caractère et la haute considération
dont il jouissait rendait plus éminente encore, les amis
politiques de M. de Sainte-Aulaire n'avaient point repris
place dans les affaires ; ils croyaient avec raison que le
ministère avait plus de chance qu'eux pour obtenir la
majorité dans les Chambres et la confiance du roi ; ils ne
voulaient être ni un obstacle, ni un embarras ; souvent

consultés sur les projets de lois, leurs avis n'étaient point repoussés.

La situation semblait meilleure qu'elle n'avait jamais été depuis la Restauration. Le gouvernement du roi était conforme à la lettre et à l'esprit de la Charte; le roi avait retrouvé la popularité qui s'était manifestée à son avénement. Il sembla d'abord satisfait de la conduite de son ministère et se plaisait à être en harmonie avec l'opinion publique. Il lui fit sans résistance une concession qui aurait pu lui coûter beaucoup : il ferma les établissements d'instruction publique tenus par les jésuites et réglementa les petits séminaires. Il ordonna plus volontiers l'expédition de Morée. La rédaction des listes électorales, rendues permanentes et revisées annuellement, devint une garantie de la liberté des élections; une loi sur la presse rendit la liberté aux journaux. Après la session il fit un voyage en Lorraine et en Alsace, et y reçut des témoignages du sentiment populaire qu'il supposa sans doute adressés à sa personne plus qu'à son gouvernement.

Mais bientôt, malgré ces heureuses prémices, le roi devint très-mécontent de son ministère, de la direction qu'il suivait, et de l'esprit qui prévalait dans les Chambres. Il n'avait jamais reconnu à la Charte constitutionnelle la même signification que lui donnait l'opinion générale. Malgré son ineffaçable regret pour l'ancien régime et sa rancune contre les principes qui, selon sa conviction, avaient détruit la monarchie, il se résignait aux nouvelles formes qu'il avait été impossible de ne pas accepter; mais il n'entendait point qu'elles eussent établi en

France un gouvernement parlementaire plus ou moins
semblable à la constitution anglaise. Les Chambres pouvaient, selon lui, avoir la liberté de discuter les lois et
de voter l'impôt; mais leurs débats et leurs délibérations
ne devaient pas avoir une autre valeur que les remon-
trances du Parlement ou les assemblées d'États en Languedoc et en Bretagne. La responsabilité des ministres
lui paraissait déraisonnable et injuste, puisque c'était
le roi qui gouvernait, et non pas les ministres.

Ayant de telles opinions, le roi était nécessairement
offensé et effrayé de la marche des affaires publiques;
on commença à s'en apercevoir lorsqu'il donna un successeur à M. de la Feronnays, qui était malade et avait
dû passer l'hiver à Nice. M. le duc de Laval, ambassadeur à Vienne, fut appelé au département des affaires
étrangères: il refusa; tout dévoué qu'il était au roi, il jugeait de la situation et des périls où l'on allait impru-
demment s'engager. Il fut un moment question du prince
de Polignac, dont le nom eût été le signal de la crise que
prévoyaient non-seulement le public, mais les meilleurs
serviteurs du roi. L'intérim demeura confié à M. le comte
Portalis.

La session de 1829 commença dans ces circonstances.
Elle ne calma point les inquiétudes du roi. La majorité
était sans ensemble, sans direction, composée de quatre
ou cinq fractions diverses, qui, malgré leurs coalitions
accidentelles, étaient foncièrement incompatibles. La
gauche était bruyante, exagérée, se rangeant avec déplaisir aux opinions modérées et aux moyens termes des
libéraux monarchiques. Les ministres et leurs amis se

plaignaient de rencontrer de l'opposition à des projets qu'eux-mêmes avaient eu beaucoup de peine à faire accepter au roi. Les ultra-royalistes cherchaient avant tout à rendre impossible le maintien du ministère; les plus violents d'entre eux cherchaient à entraîner le roi à un coup d'État. Il n'y était malheureusement que trop disposé.

Toutefois, il n'y avait de dangers réels que sa crainte et son aversion du régime parlementaire. Les opposants révolutionnaires étaient tellement découragés de la modération qui leur était imposée que M. d'Argenson et M. de Chauvelin donnèrent leur démission de député.

M. Royer-Collard fut de nouveau, et avec plus de faveur encore, porté à la présidence. M. de Sainte-Aulaire fut élu vice-président au premier tour de scrutin.

La grande affaire de la session, celle qui devait décider de l'existence du ministère et de la route que prendrait le roi, c'était la loi des administrations communales et départementales. Le projet était conçu dans un esprit sincèrement libéral; comparé à l'état actuel, il accordait d'importantes concessions. Deux commissions furent nommées pour examiner préalablement la loi communale et la loi départementale. M. de Sainte-Aulaire faisait partie de celle-ci; mais, avant que le rapport pût être fait, il avait eu le malheur de perdre son père, et il entrait par hérédité à la chambre des pairs.

La loi communale donnait lieu à peu d'objections; la commission était presque d'accord avec le ministère; au contraire le dissentiment était profond pour la loi départementale. Les ministres n'avaient pas eu la pensée de laisser au roi la nomination des membres du conseil gé-

néral : ils devaient être élus ; mais le projet restreignait
singulièrement le nombre des électeurs chargés de ce
choix ; de telle sorte que les députés étaient élus par des
colléges beaucoup plus nombreux que les conseillers de
département. Un amendement à cet article était proposé
par la commission. En outre, sans aucune pensée politique, elle demandait la suppression des conseils d'arrondissement.

Peut-être la commission n'aurait-elle pas insisté sur ces
amendements, car elle n'avait nullement le désir de voir
tomber le ministère ; mais elle croyait que le différend se
terminerait par une transaction. Telle était aussi la pensée
des ministres; mais ils ne la laissaient pas connaître, tant ils
doutaient d'obtenir du roi une concession quelconque. Il
consentit, pendant un instant, à modifier le projet présenté
par les ministres ; mais l'élection d'un député appartenant à l'opinion ultra-libérale lui causa une telle irritation qu'il ordonna que les projets de loi fussent retirés
si un seul amendement était voté : ce qui fut fait, le
jour même où les conseils d'arrondissement furent sup-
primés.

A dater de ce moment, chacun pouvait prévoir qu'on
allait marcher rapidement vers une catastrophe dont
l'idée effrayait tous les hommes sensés, ceux mêmes qui,
royalistes ou libéraux, avaient auparavant professé des
opinions excessives. Le changement prochain de ministère et de système politique affligeait ceux mêmes qui
avaient combattu les projets de loi et montré une malen-
contreuse opposition. Arrêter l'autorité royale sur la
pente où elle se précipitait, en évitant tout ce qui pouvait

amener une révolution, telle était l'intention sincère des libéraux raisonnables.

Ce fut la profession de foi de M. de Sainte-Aulaire, lorsqu'il fut nommé pour présider le collége d'arrondissement de Verdun, qui avait à lui choisir un successeur puisqu'il entrait à la chambre des pairs. Après avoir parlé de sa reconnaissance pour le roi, qui l'avait honoré de sa confiance en lui donnant cette mission, il ajoutait : — « Certes il comprendrait bien mal les intérêts de la couronne et les intérêts de la liberté, celui qui les séparerait dans sa pensée, et qui voudrait servir les uns au préjudice des autres... Les droits du trône et les droits du peuple s'appuient et se consolident mutuellement. Les Français confondent dans leur respectueuse reconnaissance la dynastie légitime, la Charte, légitime aussi puisqu'elle consacre et honore la dignité d'un peuple libre.

— « Il peut arriver cependant, car telles sont les conséquences nécessaires de son institution, que des dissensions se manifestent entre les conseillers du trône et les élus des départements; élevée au-dessus de tous les partis, la majesté royale ne s'associe point à leurs animosités. Le chef de l'État ne demeure pas indifférent à ces débats : sa haute sagesse les éclaire et les juge. Gardons-nous donc, comme d'un crime, d'appuyer d'un nom sacré des prétentions individuelles ou des combinaisons intéressées. »

En terminant il disait : — « La loi prescrit un serment qui rappelle les devoirs d'un bon et loyal Français; ce serment, vous allez le prêter. Et quand vous jurerez fidélité au roi, vos cœurs se reporteront vers ces heureux instants où naguère vous possédiez dans vos murs le père de la patrie. Votre loyale affection a reçu sa récompense; Sa Majesté a daigné m'autoriser à vous dire, en son nom, qu'elle a été touchée de vos sentiments et qu'elle en garde le souvenir. »

Cette espérance, ou plutôt ce vœu, ne devait pas tarder à être déçu. La session fut close, et un nouveau ministère fut appelé par le roi. Le prince de Polignac fut ministre des affaires étrangères; M. de Bourmont, de la guerre; M. de Chabrol, des finances; M. Courvoisier, garde des sceaux. M. de Labourdonnaye, ce chef des ultra-royalistes les plus ardents dont le rôle avait grandi dans les dernières sessions, fut placé au département de l'intérieur. Il tarda peu à s'apercevoir que le roi avait choisi ses ministres pour obéir docilement à ses volontés et pour exécuter ses projets, sans prendre leurs conseils ou écouter leurs objections. Il donna sa démission et fut remplacé par M. de Montbel, député de Toulouse, qui avait d'abord été ministre de l'instruction publique.

La session de 1830 ne fut ouverte que cinq mois après la formation du nouveau ministère. Pendant cet intervalle, l'opinion publique s'était de plus en plus exaltée de crainte et d'aversion; de jour en jour on attendait le coup d'État, œuvre pour laquelle le ministère avait été formé. Le changement complet du système électoral, l'abolition de la liberté de la presse, en un mot la monarchie constitutionnelle transformée en dictature, tel était le programme attribué à M. de Polignac et à ses collègues.

Ces alarmes étaient exagérées; le ministère protestait contre de telles imputations. Son mot d'ordre était seulement : « Plus de concessions. » Sa mission, disait-il, était d'empêcher la monarchie de dériver vers l'abîme révolutionnaire. M. de Polignac était un homme sans discernement et capable de toutes les illusions; il espérait, et peut-être le roi aussi, qu'il n'était pas impossible de gouverner avec la Charte, et d'accomplir, avec le consentement des Chambres, les projets qui devaient exempter le pouvoir royal de toute contradiction.

Le mécompte fut grand et manifeste; dès les premiers jours de la session, la chambre des pairs, toujours respectueuse pour le roi, toujours prudente et mesurée dans l'expression de ses sentiments, fut unanimement émue des paroles menaçantes qui se trouvaient dans le discours du trône. — « Si de coupables manœuvres suscitaient à mon gouvernement des obstacles que je ne peux pas, que je ne veux pas prévoir, je trouverais la force de les surmonter dans ma résolution de maintenir la paix publique, dans la juste confiance des Français et l'amour qu'ils ont toujours montré pour leur roi. »

On trouvait dans l'adresse de la chambre des pairs une réponse à ces expressions comminatoires. — « Les droits de votre couronne resteront inébranlables : ils ne sont pas moins chers à votre peuple que ces libertés placées sous votre sauvegarde; elles fortifient les liens qui attachent les Français à votre trône et à votre dynastie, et les leur rendent nécessaires. La France ne veut pas plus de l'anarchie que son roi ne veut du despotisme. »

Le roi ne s'offensa pas de cette Adresse; elle n'était pas explicite, et il ne voulut pas y voir la résistance qu'elle annonçait.

L'Adresse de la chambre des députés ne laissa aucune équivoque; ce n'est pas qu'elle fût dictée par une* inspiration séditieuse, mais elle déclarait hautement au roi que ce qu'il voulait ne pouvait pas s'accomplir sans mettre la monarchie en danger. M. Royer-Collard était, comme président, à la tête de la députation : ce fut lui, ancien royaliste, et qui, même dans cette circonstance, ne cessait pas de l'être, qui eut la mission de prononcer de sévères paroles.

L'Adresse, après avoir présenté un tableau des alarmes qui troublaient la sécurité publique, en dévoilait la cause.

« La Charte, que nous devons à la sagesse de votre auguste prédécesseur, et dont Votre Majesté a la ferme volonté de consolider le bienfait, consacre comme un droit l'intervention du pays dans la délibération des intérêts publics... Elle fait, du concours permanent des droits politiques de votre gouvernement avec les vœux de votre peuple, la condition indispensable de la marche régulière des affaires publiques. Sire, notre loyauté, notre dévouement nous condamnent à vous dire que ce concours n'existe pas. »

Le roi entendit l'Adresse; il répondit en peu de mots que ses résolutions étaient immuables, et que les ministres feraient connaître ses intentions. Le lendemain une proclamation royale fut posée à la Chambre et prorogea la session au 2 septembre.

Deux mois s'écoulèrent sans que le roi prît une détermination; rien ne pouvait faire changer sa pensée ni ébranler sa volonté. Il ne voyait pas la grandeur du danger, mais comprenait la gravité des circonstances; il hésitait encore. Un reste d'illusion le porta à recourir à de nouvelles élections, bien résolu au coup d'État si son espérance était trompée. Deux de ses ministres, M. de Chabrol et M. Courvoisier, se retirèrent.

Les élections furent telles qu'on pouvait le prévoir; et pourtant la nation n'avait en ce moment aucune tendance révolutionnaire : l'amour du repos, la crainte que la prospérité du pays fût interrompue par une convulsion politique, tel était le sentiment général; mais, de toutes parts, électeurs, députés, pairs, journalistes, se promettaient publiquement de ne point reconnaître une autorité exercée hors des limites constitutionnelles.

Le gouvernement venait d'être vaincu de nouveau aux élections, mais il obtenait au même moment un glorieux succès, qui échauffait son courage. La descente en Afrique avait réussi; en peu de jours Alger avait été conquis par les armes françaises. Cette entreprise n'avait pas donné lieu à la même opposition que la guerre d'Espagne, mais elle avait été plutôt blâmée qu'approuvée par les nombreux ennemis du ministère. Encore une fois, un parti impopulaire avait mieux espéré de la fortune militaire de la France que le parti qui prétendait au privilége du patriotisme; de sorte que ce triomphe sembla remporté, non-seulement sur le dey d'Alger, mais sur l'esprit d'opposition. Le roi n'hésita plus, et les ordonnances dictatoriales, qui violaient la

Charte et abrogeaient les lois organiques, apparurent tout à coup, lorsque rien n'avait été disposé pour vaincre des résistances qu'on ne voulait pas prévoir, lorsque rien n'y préparait même le parti très-peu nombreux qui souhaitait un coup d'État. Le roi et ses ministres avaient pensé qu'en excitant la surprise cette grande détermination frapperait les imaginations, et qu'une telle hardiesse imposerait la soumission.

Les partis opposants, tout décidés qu'ils étaient à refuser l'obéissance, ne s'étaient point concertés, n'avaient aucun plan, aucun signal de ralliement. Ne point payer l'impôt s'il était exigé par une autorité inconstitutionnelle ; ne pas se soumettre à des volontés ou à des contraintes illégales : telle était la disposition universelle. Ainsi, une lutte à main armée, un soulèvement populaire, encore moins une révolution prochaine ne paraissaient pas encore probables.

Le gouvernement s'engagea dans la lutte sans pouvoir deviner quelle grandeur et quelle force allait prendre la sédition ; durant trois jours il la combattit, croyant toujours la vaincre lors même qu'elle était déjà victorieuse. Plus elle avait pris de développement, plus elle avait eu à déployer d'énergie, plus le pouvoir, qui tentait de la repousser par les armes, était devenu un ennemi mortel, pour la foule aveugle des combattants et pour les hommes exagérés qui étaient devenus ses chefs.

Ainsi fut accomplie cette révolution souvent prédite comme infaillible, mais non souhaitée. Sans la témérité du gouvernement, elle aurait peut-être tardé beaucoup ; elle donna un sentiment d'effroi à tous les hommes sensés, alarmés d'une anarchie qui pouvait devenir plus fatale que le despotisme.

Les élections avaient dispersé un grand nombre de pairs et de députés. Ils ne s'étaient point pressés d'arriver à Paris. L'ouverture de la session était indiquée pour le 3 août, et personne n'imaginait que rien de grave pût advenir avant cette époque. M. de Sainte-Aulaire avait, dans cet intervalle, fait un voyage sur les bords du Rhin. Ce fut à Amsterdam qu'il apprit les ordonnances; il partit aussitôt. Sur sa route il sut ce qui s'était passé à Paris. Plus il apprenait de détails, plus il se sentait consterné et effrayé; la crainte et l'aversion de l'esprit révolutionnaire et de ses œuvres ne s'étaient jamais effacées de son souvenir.

Il arriva à Étioles; où était sa famille, qui, ayant presque assisté aux événements, avait pu juger leur résultat comme inévitable, et l'avénement d'un nouveau souverain comme une conclusion rassurante. Lui au contraire en était épouvanté. M. Decazes, qui arrivait à ce moment même, se trouva dans les mêmes sentiments que lui : ni l'un ni l'autre ne se résignaient à une révolution qui renversait la dynastie. M. de Sainte-Aulaire n'était point inconséquent à sa vie politique; ce n'était point chez lui émotion de sentiment, ni mobilité d'opinion; il avait toujours aimé la liberté comme garantie de la justice, et le pouvoir comme garantie de l'ordre. Les circonstances peuvent souvent rendre ces deux affections inconciliables; mais son esprit à la fois raisonnable et généreux inclinait toujours du côté d'où ne venait plus le danger; il aurait voulu marcher au secours du vaincu.

Il se rendit à Paris avec M. Decazes. La première personne qu'ils voulurent voir, dont ils désirèrent entendre les récits et demander les conseils, fut M. de Chateaubriand, que depuis quelque temps M. de Sainte-Aulaire avait rencontré habituellement. Souvent il l'avait entendu parler avec animosité du gouvernement et du parti dominant, en professant toutefois un inaltérable dévouement aux princes de la maison de Bourbon. Ils lui demandèrent si, en effet, la monarchie légitime était perdue sans retour, si réellement une autre dynastie allait être proclamée, s'il n'y avait aucun moyen de n'en pas venir à cette extrémité. M. de Chateaubriand les étonna par son accent de calme résignation, et comme il voyait leur incrédulité : — « D'où venez-vous donc? Promenez-vous dans les rues de Paris, et vous verrez si j'ai tort de ne conserver aucune espérance. »

C'était la réponse qu'on faisait à tous les arrivants qui n'avaient pas assisté aux journées de juillet, et n'avaient pas vu comment les choses s'étaient décidées dans les deux jours suivants.

M. de Sainte-Aulaire reconnut, en effet, qu'il n'y avait rien à tenter pour revenir sur le fait accompli, mais sa conviction fut triste. La plupart de ses amis étaient dans une tout autre disposition. Les dangers qu'amenait avec elle cette révolution, accomplie par voie de sédition, compliquée par l'intervention active d'un parti ennemi de l'ordre social et d'hommes passionnés ou pleins d'illusions, étaient précisément le motif pour lequel ils acceptaient le devoir de concourir à l'établissement d'un gouvernement qui pouvait préserver la paix au dedans et au dehors, empêcher une réaction fougueuse, prévenir

les vengeances et sauver les ministres qu'on voulait sacrifier à la haine populaire.

Il eut, pendant quelques jours encore, des doutes sur
le succès d'une telle entreprise. Le point de départ du
règne de M. le duc d'Orléans lui paraissait fatal. Toutefois il avait confiance à ce prince; il le savait habile,
prudent et courageux, dévoué à la France. Il le vit au
moment où il fut question d'annoncer l'avénement aux
puissances de l'Europe, par des lettres que remettraient
les ambassadeurs avant de produire leurs lettres de
créance. Ce n'était pas une bonne combinaison; le roi y
renonça. M. de Sainte-Aulaire lui exposa franchement ses
inquiétudes sur l'avenir, mais en lui témoignant respect
et dévouement. Ce ne fut pas en un jour que se dissi-
pèrent les doutes et les craintes de M. de Sainte-Aulaire.
Il finit par croire à la durée du règne. Même après avoir
vu se réaliser ses anciens présages, il écrivait : — « Ce
sera la gloire éternelle du roi Louis-Philippe d'avoir opposé une digue au torrent révolutionnaire et d'en avoir
interrompu le cours pendant dix-huit ans. »

M. de Sainte-Aulaire avait donc appris du roi lui-
même qu'il était destiné à une ambassade; il ne s'y
était point refusé, mais il attendait sans impatience la
destination qui lui serait donnée. Quoiqu'en 1812 il eût
décliné la proposition d'entrer dans la carrière diplomatique, il y avait goût. Un Sainte-Aulaire avait été à
la fin du xviie siècle ambassadeur en Suède. Il avait,
pour accepter une ambassade, des motifs plus graves que
cette tradition de famille; il pensait que le gouvernement
intérieur de la France allait présenter de grandes diffi-

cultés ; que la lutte des opinions et des partis, loin d'être
terminée par la révolution de Juillet, serait plus vive que
jamais ; que la résistance était nécessaire, mais que l'ori-
gine de la royauté nouvelle pouvait rendre indispensables des ménagements ou des concessions, selon lui fâ-
cheuses et peut-être funestes ; qu'ainsi il aurait souvent
occasion de ne pas se trouver en harmonie avec la politique qui semblerait nécessaire au roi et à ses ministres.
Mais représenter à l'étranger un souverain qui voulait la
paix, qui donnait pour instruction à ses ambassadeurs
de rassurer les puissances étrangères, de leur affirmer
que son gouvernement ne songerait point à propager
les opinions révolutionnaires, ni à prendre fait et cause
pour les séditions ; que le maintien de l'ordre public en
France et en Europe était la véritable mission du roi
Louis-Philippe, c'était une belle et honorable position ;
c'était la certitude d'avoir toujours à tenir un langage
sincère, de se montrer avec dignité et d'acquérir souvent
de l'influence, toujours de la considération.

Ce ne fut pas à Vienne, comme il en avait d'abord été
question, que M. de Sainte-Aulaire fut ambassadeur.
Le roi avait pensé qu'en ce premier moment de son règne il lui convenait mieux d'être représenté auprès des
grandes puissances par des maréchaux ou des généraux.
M. de Talleyrand fut la seule exception. Au commencement de mars, lorsque l'ambassade de Rome fut offerte
à M. de Sainte-Aulaire, la situation du nouveau gouvernement était devenue triste et périlleuse. Une émeute
formidable avait éclaté à Paris ; l'archevêché avait été
saccagé, sans que la répression ou la punition de ce dé-

sordre fût possible. Le parti révolutionnaire était chaque
jour plus exigeant ; sa principale volonté était d'engager la France dans une guerre de propagande, ou du
moins de la rendre auxiliaire et complice des insurrections qui éclataient de toutes parts, en Belgique, en Pologne, en Italie. C'eût été renouveler la coalition de tous
les souverains de l'Europe, et recommencer les grandes
guerres qui avaient eu pour dernière conséquence deux
invasions et les traités de 1815.

C'était surtout à Rome et en Italie qu'il importait de
ne pas laisser supposer que le gouvernement du roi
Louis-Philippe était trop mal affermi pour résister à l'influence d'une faction ardente à bouleverser l'ordre social
dans tous les États européens. Les insurgés italiens se
prévalaient de l'appui de la France, proclamaient qu'il
leur était promis ; peut-être étaient-ils en effet encoura-
gés par leurs communications avec les révolutionnaires
de Paris ; les ennemis de la révolution de Juillet ré-
pandaient aussi des doutes sur la bonne foi du souverain qu'elle avait proclamé. Les ménagements qu'il
était contraint à garder avec une opposition encore puissante dans l'opinion publique prêtaient à ces injurieuses
suppositions.

M. de Sainte-Aulaire ne pouvait se charger d'une si
difficile mission sans avoir l'assurance qu'il serait plei-
nement autorisé à déclarer, et à prouver par son langage
et sa conduite, que le gouvernement dont il était le représentant, loin de favoriser les insurrections ou de
leur prêter le moindre appui, souhaitait qu'elles fussent
réprimées et que l'ordre fût rétabli.

Que tel fût le désir du roi et l'esprit de sa politique, c'est ce qui ne laissait aucun doute. Le général Sébastiani était alors ministre des affaires étrangères. Hautement déclaré contre une conduite qui mènerait à la guerre, nul n'avait plus que lui en ce moment la volonté et l'espérance de la prévenir; aussi disait-il nettement à l'ambassadeur, en lui donnant ses instructions : — « Vous aurez à défendre l'autorité temporelle et spirituelle du Pape. » — M. Lafitte était encore chef du cabinet; quelle que fût alors son attitude et sa liaison intime avec le parti révolutionnaire, quelle que soit la réputation qu'il a laissée, il était un homme de sens et de discernement; de même que le général Sébastiani, il n'admettait point la pensée d'une guerre révolutionnaire.—« Ne vous préoccupez pas, » disait-il à M. de Sainte-Aulaire, « des apparences belliqueuses, et tenez pour certain, quoi qu'il arrive, que, tant que le roi sera roi et aura pour ministre Sébastiani et moi, la paix de l'Europe ne sera point troublée. »—Mais il n'avait pas le courage de sa raison, et pendant qu'il tenait ce langage au corps diplomatique et à tous les gens raisonnables, il restait en sympathie avec ses amis démocratiques et turbulents; se croyant leur chef, il conservait le frivole et présomptueux espoir de gouverner son parti en ne le contrariant jamais; aussi marchait-il à une chute prochaine. Huit jours après le départ de M. de Sainte-Aulaire, la présidence du conseil passait à l'homme destiné à sauver son pays de la guerre étrangère et du désordre intérieur, à M. Casimir Périer.

La volonté de ne prêter aucun secours aux insurgés italiens ne suffisait pas pour procurer leur défaite et leur répression. Les gouvernements contre lesquels avaient éclaté des séditions étaient faibles, intimidés, malhabilement dirigés; lorsqu'ils ne se voyaient pas les plus forts, ils menaçaient de leurs vengeances pour le moment où la victoire serait obtenue. Leur impuissance était manifeste; il fallait que les puissances étrangères vinssent à leur aide.

Quelques semaines après la révolution de Belgique, le gouvernement français avait proclamé, d'une manière qui semblait absolue et comme un principe de droit public, qu'aucune puissance n'avait le droit d'intervenir à main armée dans les affaires intérieures d'un pays indépendant. A ce moment c'était donner à la Belgique la possibilité de se séparer des Pays-Bas, ce qui importait aux intérêts de la France; en même temps c'était rassurer l'Europe contre la crainte des secours qui pourraient être apportés aux révolutionnaires par le gouvernement du roi.

L'application du principe de non-intervention devint bientôt après une cause de difficultés et d'embarras. Le maintenir dans toute sa rigueur, c'était livrer l'Italie à des révolutions qui ne pouvaient produire que le désordre, tant elles manquaient de but précis, d'unité d'opinion et de tous les éléments propres à constituer des établissements nouveaux. Ni l'Autriche, ni le Piémont, ni même la France, ne pouvaient contempler avec une indifférence inerte l'anarchie qui allait indéfiniment désoler la Péninsule. Ainsi, sans rétracter ce que le gouvernement français avait déclaré, il fut reconnu par des communications verbales que, l'Autriche étant directement inté-

ressée au maintien de l'ordre public et de la souveraineté
légitime dans les duchés de Parme, Modène et Toscane,
on ne pouvait lui contester le droit d'y intervenir. L'in-
terprétation n'alla pas plus loin, et le ministre français
ajouta que l'intervention autrichienne, si elle était exercée en Piémont, serait considérée comme un acte hostile
à la France, limitrophe des États du roi de Sardaigne
et aussi intéressée que l'Autriche aux troubles qui pourraient s'y produire.

Cette réserve était en ce moment superflue : toute inquiétude de sédition dans le royaume de Sardaigne avait
cessé ; les carbonari et autres révolutionnaires n'espéraient pas y susciter des séditions. La Toscane, sagement
gouvernée, échappait aussi à ce péril.

Mais rien n'avait été convenu quant aux États romains,
où de graves insurrections avaient éclaté. La mort du
pape Pie VIII, et l'interrègne de deux mois qui précéda
l'élection de Grégoire XVI, avaient encore affaibli un gouvernement sans énergie et sans armée. Dès les premiers
jours de février, la population de Bologne, sans éprouver nulle résistance du prolégat pontifical, s'était déclarée
indépendante, avait formé un gouvernement provisoire
et pris la cocarde tricolore italienne. En quatre jours le
pouvoir du pape avait cessé d'exister au nord de l'Apen-
nin. Mais le mouvement que les révolutionnaires avaient
préparé à Rome échoua, et le peuple s'y montra au contraire fort dévoué au Saint-Siége.

Telle était la situation du gouvernement pontifical
lorsque, le 20 mars, M. de Sainte-Aulaire arrivait à
Rome. Il avait pu craindre que les insurgés ne le lais-

sassent pas y arriver ; ils s'étaient emparés d'Acqua-Pen-
dente, et occupaient ainsi la route de Florence à Rome;
mais ils n'étaient pas en force, ni très-disposés à combattre en désespérés. Ils se retirèrent, et l'ambassadeur
trouva Rome assurée, sinon contre l'insurrection de la
moitié des États pontificaux, du moins contre l'invasion
de la capitale.

Les Autrichiens avaient facilement rétabli l'autorité
légitime à Parme et à Modène, mais ne s'étaient pas encore avancés dans les Légations et la Romagne. L'ambassadeur de France ne savait pas avec certitude si son gouvernement consentirait à l'intervention autrichienne ou
la regarderait comme une violation du principe qu'il
avait posé. Le ministère, en face du parti qu'il avait à
combattre et à ménager, ne s'était pas prononcé. Que
pouvait répondre l'ambassadeur au cardinal Bernetti,
qui disait : —« Avez-vous un autre moyen de salut à nous
offrir ? » — La question était déjà résolue en fait : les Autrichiens étaient entrés à Bologne le 21 mars.

M. de Sainte-Aulaire connaissait trop la situation et
la pensée du gouvernement du roi pour protester
d'une manière hostile et menaçante contre l'entrée des
Autrichiens. Maintenir la dignité de la France et le rôle
qu'elle devait avoir dans les affaires de l'Italie et du
Saint-Siége sans se précipiter dans la guerre, telle était
la conduite à suivre, d'autant qu'il était facile de voir
que l'Autriche avait l'intention sincère d'éviter la guerre
et de ne point offenser la France. Ce fut en ce sens qu'il
passa une note pour engager le gouvernement pontifical à ne point permettre aux Autrichiens d'entrer plus

avant dans les États de l'Église, et à rendre la soumission des insurgés plus facile en promettant des réformes dans l'administration et une amnistie.

Les événements avaient un cours plus rapide que les négociations. L'insurrection était sans force ; les populations ne s'associaient point à ce mouvement. Les Autrichiens continuaient leur marche et occupèrent Ancône sans résistance. En même temps le ministre d'Autriche à Rome s'unissait aux démarches de l'ambassadeur de France pour conseiller au pape des concessions et la clémence.

Pendant que les représentants des puissances européennes donnaient ces sages conseils, le ministère français soutenait une lutte pénible contre le parti qui se regardait comme solidaire avec tous les insurgés et révolutionnaires. M. Périer résistait avec fermeté ; mais en même temps il devait se montrer gardien prévoyant de l'honneur national. Il demanda un crédit extraordinaire de 100 millions et une levée de 80,000 hommes. Pour répondre aux inquiétudes que suscitait cette proposition il disait : —« Nous ne voulons rien laisser au hasard dans nos préparatifs de force, ni rien laisser d'équivoque dans les garanties de la paix. Le pays sait déjà que le gouvernement ne sacrifie pas ses intérêts à des passions.... Les événements d'Italie appellent notre attention ; la situation de ce pays, telle qu'elle est réglée par les traités, ne saurait être modifiée sans que les grandes puissances, et surtout la France, soient en droit de s'entremettre et de demander des explications et des garanties. »

Les orateurs de l'opposition, et plus violemment qu'aucun autre le général Lamarque, demandaient la guerre à grands cris : ils la voulaient pour la Pologne, pour la Belgique, et surtout pour l'Italie. — « Les idées libérales y seront éteintes, les patriotes victimés, l'Italie soumise à l'Autriche, et la France sera livrée à la risée de l'Europe. »—En preuve de ces calomnieuses exagérations, le général Lamarque racontait que M. de Sainte-Aulaire ayant rencontré un corps d'insurgés, leur avait dit : —« La France ne vous soutiendra point; mes instructions sont conformes à la conduite des Autrichiens. »— Il n'y avait pas un mot de vrai dans ce récit. — « Je me félicite, écrivait M. de Sainte-Aulaire, de la mystification de Lamarque. Vous savez que je n'ai pas rencontré un seul insurgé sur ma route et que je n'ai pas eu l'occasion de faire de la diplomatie de grands chemins; il est probable que, le cas échéant, j'y aurais procédé différemment. »

Avant de pouvoir décider les Autrichiens à se retirer complétement des États romains et de persuader au gouvernement pontifical qu'il n'avait plus besoin de cette efficace garantie contre le renouvellement des insurrections, il s'écoula plus de deux mois. Ancône fut d'abord évacué; Bologne ne l'était pas encore au commencement de juillet. Quelques émeutes et la disposition permanente des sociétés secrètes à provoquer des mouvements révolutionnaires prolongeaient les inquiétudes du pape. D'ailleurs, la chambre des députés avait été dissoute, et le sort du ministère de M. Périer dépendait les élections. Ainsi, les puissances étrangères n'é-

taient point assurées qu'il dependît du roi Louis-Philippe de suivre la politique de la paix.

Enfin, le 14 juillet, les Autrichiens quittèrent Bologne; une amnistie fut accordée, et, selon les conseils de
la France, de l'Autriche et de l'Angleterre, une réforme
générale de l'administration fut annoncée par un édit
pontifical du 5 juillet. La conférence entre les ministres
des trois puissances continua à s'occuper de l'accomplis-
sement de cette promesse. Elle concertait des projets
d'institutions administratives, des réformes de la loi civile ou pénale, qui ne semblaient pas toujours prati-
cables au gouvernement pontifical. Ses objections n'é-
taient pas dictées seulement par des préjugés; l'expérience et la connaissance intime des mœurs et de l'esprit
des populations étaient pour beaucoup dans les retards
et les répugnances des conseillers du Saint-Siége.

D'ailleurs ils étaient convaincus que toutes ces concessions ne changeraient rien à la fâcheuse situation des
États romains. Le parti révolutionnaire voulait toute autre
chose que la liberté légale; rien ne pouvait le satisfaire
que la destruction des pouvoirs existants et la subver-
sion de la société; il était en conspiration permanente.
L'invasion autrichienne ne l'avait point découragé,
et, comme elle avait cessé, une insurrection pouvait
se relever. Même à Bologne, où la révolution avait eu
un caractère plus ·sensé et moins démocratique, il était
manifeste que l'obéissance au gouvernement du Saint-
Siége n'était point rétablie. On n'y avait point repris la
cocarde pontificale; on refusait de payer l'impôt pour le
compte du gouvernement.

Toutefois, le pape, encore que ce fût à contre-cœur, avait accordé aux instances de la conférence une réforme complète de l'administration : la forme collégiale avait été substituée à l'autorité absolue des agents; une libre discussion et la publicité des comptes de finances étaient accordées aux assemblées provinciales; l'ordre judiciaire et les codes avaient été réformés. Il n'existait plus, hors de Rome, un seul fonctionnaire qui ne fût pas laïque. Enfin, rien n'était refusé, excepté la participation au pouvoir politique. C'était une question grave, sur laquelle les hommes les plus sensés pouvaient conserver des doutes.

Ce qui la rendait insoluble en ce moment, c'était la persistance de Bologne et des Légations dans un état de complète insoumission. Le gouvernement pontifical ne croyait pas en triompher autrement que par la force; il pensait qu'une nouvelle intervention de l'Autriche était indispensable. Le cabinet de Vienne n'y semblait pas disposé; la confiance et le bon accord de M. de Sainte-Aulaire avec le ministre d'Autriche ne variaient point, et M. Périer, chargé en ce moment du portefeuille des affaires étrangères, était sans méfiance. Mais il ne consentait pas au retour des Autrichiens à Bologne; si le secours des armes étrangères était absolument nécessaire au pape, la France, comme l'Autriche, devait être appelée à le donner.

M. de Sainte-Aulaire proposait que l'occupation d'Ancône par les Français concourût avec l'occupation de Bologne par les Autrichiens; mais ni à Rome ni à Vienne on ne voulait accepter cette réciprocité; on craignait que la présence d'une armée française en Italie ne fût un encouragement aux insurrections révolutionnaires et n'amenât la guerre entre les deux puissances, parce que chacune interviendrait pour défendre une cause et des principes différents. D'autre part, la France ne devait pas consentir à l'intervention autrichienne : c'eût été perdre toute influence en Italie; c'eût été une faiblesse qui, dans l'Europe entière, aurait décrié le gouvernement du roi. D'ailleurs, dans leur désir de se soustraire à la souveraineté du pape, les libéraux de Bologne proclamaient hautement que, s'ils ne pouvaient pas obtenir leur indépendance, ils préféraient appartenir à l'Autriche, de sorte que l'occupation de Bologne pouvait devenir une conquête.

Rien ne fut conclu; M. Périer crut, et il ne se trompait pas complétement, que l'Autriche désirait ne pas intervenir, qu'elle craignait de susciter le mécontentement de la France et d'allumer la guerre. Seulement il déclara, mais en conversation, sans apparence officielle, que, si les Autrichiens entraient à Bologne, les Français entreraient à Ancône. Il l'écrivit à M. de Sainte-Aulaire, qui le repéta au cardinal Bernetti.

Ainsi le pape sembla se résigner à tenter de réduire les Légations avec ses propres forces. Des troupes, ramas de gens sans discipline, furent mises sous le commandement du cardinal Albani, vieillard de quatre-vingt-deux ans, de tout temps dévoué à l'Autriche, chef du parti ennemi de la France. Il n'éprouva quelque résistance qu'entre Rimini et Forli, où il entra sans rien faire ni ordonner pour empêcher ses soldats de se livrer aux plus affreux désordres. La ville fut traitée comme si elle avait été prise d'assaut; des citoyens de toutes les classes, des ecclésiastiques, des femmes, des enfants furent tués; plusieurs maisons furent livrées au pillage.

Les troupes du général Radetzki s'étaient avancées sur la frontière, et sur la demande que lui adressa le cardinal Albani, au nom du pape, il envoya une brigade se joindre à l'armée pontificale. Les habitants de Bologne n'avaient nul moyen de résistance; le sort de Forli les épouvantait; ils se trouvèrent heureux de se rendre aux Autrichiens, qui les préservèrent du brigandage des soldats du pape et des mesures réactionnaires du cardinal Albani.

Dès que cette nouvelle fut connue à Paris, l'ordre fut donné au capitaine de vaisseau Gallois de mettre à la voile, avec deux frégates et un vaisseau de ligne. Cette petite escadre portait un régiment fort de quinze cents hommes, commandés par le colonel Combes; elle sortit de Toulon le 7 février.

M. de Sainte-Aulaire avait plus d'une fois, lors de la première intervention autrichienne, conseillé de faire occuper Ancône, ou du moins d'en annoncer l'intention; il avait depuis indiqué, comme une mesure opportune, d'envoyer une croisière française dans l'Adriatique. Maintenant il fut chargé de proposer au pape l'occupation d'Ancône. M. Périer semblait supposer que ce consentement serait facilement accordé; le pape, au contraire, y opposa un refus absolu : les ministres d'Autriche, de Russie et de Prusse l'y encouragèrent, et le soutinrent dans sa résistance. — « Si vous nous refusez votre consentement, disait M. de Sainte-Aulaire au cardinal Bernetti, vous nous obligerez à nous en passer; qu'arrivera-t-il alors? — La vertu des papes est la résignation, répondit le cardinal. — M'autorisez-vous à écrire cette réponse? — Sans doute, » — ajouta le cardinal en souriant; car ni lui, ni personne du corps diplomatique à Rome, ne supposait que le gouvernement français se décidât à braver ainsi l'Autriche.

Ce fut pourtant ce qui advint, d'une façon beaucoup plus tranchante que ne l'avait prévu M. Périer. Il avait fait partir le général Cubières pour Rome, avec l'instruction de se concerter avec M. de Sainte-Aulaire avant d'aller prendre devant Ancône le commandement de l'expédition ; mais il n'arrivait pas.

Le 22 février, l'escadre parut en vue d'Ancône; les vents avaient tellement favorisé cette traversée que, contre toutes les probabilités, elle devançait de cinq ou six jours la date calculée pour son arrivée. Le commandant Gallois et le colonel Combes se trouvèrent dans un extrême embarras; ils avaient reçu l'instruction formelle de ne rien faire sans avoir reçu les ordres de l'ambassadeur de France. Personne, ni à Ancone, ni à Rome, ne les attendait sitôt. Ils craignaient, en tardant d'un jour, de laisser le temps de préparer une résistance, peut-être même de faire arriver une garnison autrichienne. Ils ignoraient complétement la situation politique; imbus d'opinions belliqueuses et favorables aux insurrections, ils se croyaient destinés à des hostilités contre les Autrichiens, à une alliance avec les révolutionnaires italiens. Ils demandèrent à entrer dans le port, ce qui fut accordé à leurs menaces. Les troupes furent mises à terre pendant la nuit; on refusa de les admettre dans la ville ; les portes furent enfoncées. Ils emprisonnèrent les magistrats, réussirent à s'emparer de la citadelle en se disant alliés du pape, et firent imprimer une proclamation qui semblait supposer que la France était en guerre avec l'Autriche et qu'elle protégeait par ses armes les insurrections italiennes.

M. de Sainte-Aulaire n'était nullement préparé à ce grave incident. Il attendait le général Cubières, afin de signifier au gouvernement pontifical la résolution prise d'occuper Ancône, et il espérait qu'en protestant contre cet acte d'hostilité le pape le laisserait s'accomplir sans résistance ouverte. Maintenant la question n'était plus la même ; c'était à main armée, sans avertissement préalable, en joignant la ruse à la violence, que les Français s'étaient emparés de la ville, agissant en ennemis et en conquérants. L'irritation du pape, du sacré collége, de tout le corps diplomatique, était extrême et s'exprimait hautement.

Le général Cubières arriva le lendemain de la prise d'Ancône. Il ne pouvait en rien diminuer l'embarras et les difficultés où se trouvait l'ambassadeur; les instructions qu'il avait reçues n'étaient pas en rapport avec des circonstances si imprévues. — Comment croire que deux officiers français, placés sous les ordres d'un général, eussent, en son absence, pris une telle détermination? N'avaient-ils point agi en vertu d'ordres secrets? Le ministère, jugeant, d'après la vraisemblance, que le pape ne consentirait d'aucune manière à l'occupation, ou donnerait, en différant sa réponse, le temps aux Autrichiens d'arriver à Ancône, n'aurait-il pas autorisé M. Gallois et M. Combes à s'en emparer par des moyens quelconques? — La situation de M. de Sainte-Aulaire à Rome fut donc, en ce premier moment, cruellement pénible, et il en a gardé toute sa vie un amer souvenir. Lui, qui la veille avait à Rome toute la considération et le crédit que lui donnaient sa loyauté, la convenance de ses procédés, la modération de ses opinions, se trouvait isolé et sans autorité morale. Les ministres d'Autriche et de Russie tenaient un langage d'indignation et de menace. Désavouer les deux commandants français était chose impossible, car ils étaient peut-être autorisés; d'ailleurs, la conséquence naturelle eût été que le Saint-Siége aurait demandé que la ville fût évacuée sur-le-champ. M. de Sainte-Aulaire envoya sa démission à M. Périer,.qui la refusa.

Sa mission devenait, pour quelque temps, plus difficile et plus fâcheuse, mais elle n'était pas impossible à remplir; la chose devait s'arranger, et, plus que tout autre, il pouvait la conduire à de bons résultats. L'Autriche ne voulait pas la guerre; la France ne voulait point favoriser les révolutions en Italie, ni détruire la souveraineté temporelle du pape. Aux premiers instants d'irritation et d'alarme succéda promptement une appréciation plus calme et plus exacte. Le commandant Gallois fut désavoué par le gouvernement français et remplacé par l'amiral Lasusse; le colonel Combes reçut une autre destination. Ils avaient, dès le lendemain de leur entrée à Ancône, replacé le drapeau pontifical sur la ci-

tadelle. La proclamation avait été retirée avant d'être
distribuée. Les autorités pontificales avaient été réta-
blies. Mais la conduite de ces deux commandants, et
l'esprit qui régnait parmi les officiers français, rendaient
de jour en jour leur éloignement plus indispensable.

Le général Cubières, en prenant le commandement
d'Ancône, ne comprit pas d'abord combien il importait
de n'accorder ni faveur, ni licence aux révolutionnaires
italiens et aux sociétés secrètes. Une bande de séditieux, sous le nom de colonne mobile, était maîtresse
de la ville et bravait les autorités municipales. Lorsque les carabiniers pontificaux tentèrent de réprimer
le désordre, ils furent assaillis par une émeute ; un
homme fut tué ; le secrétaire de l'ambassade, M. Beu-
gnot, qui avait été envoyé à Ancône, fut menacé. M. de
Sainte-Aulaire chargea son fils d'aller avertir le général
Cubières d'employer enfin son autorité à faire cesser un
si déplorable état de choses. Le comité de la société secrète mit en délibération si on ne l'assassinerait point,
et toutefois prit pour victime le chef italien de la police.

Cependant le général continua à n'apporter ni soin,
ni activité, à employer la troupe française au rétablissement de l'ordre ; les officiers semblaient animés d'opinions sympathiques pour les révolutionnaires. Ces fâ-
cheuses dispositions tenaient à l'état des esprits en France.
La session avait été orageuse ; l'opposition avait fait une
guerre acharnée contre M. Périer, et s'était montrée
sans attachement et sans respect pour le roi. Des conspirations étaient tramées ouvertement. La mort de M. Périer, les ravages du choléra à Paris, tout concourait à

donner un aspect de détresse et d'instabilité au gouvernement, conséquemment à susciter les espérances des partis qui travaillaient à sa ruine; ainsi il pouvait lui arriver d'être obéi avec mollesse ou timidité. Mais, après la victoire remportée dans les rues de Paris sur l'émeute qui éclata aux funérailles du général Lamarque, l'autorité retrouva sa force; le contre-coup fut ressenti à Ancône et le calme fut bientôt rétabli, grâce à une active et sincère coopération du général Cubières.

Pendant ce temps-là, M. de Sainte-Aulaire suivait la négociation qui donnait à l'occupation d'Ancône une forme acceptable. L'Autriche reconnut que c'était une contre-partie nécessitée par la présence de son armée dans les Légations; le pape ajouta foi aux assurances qui lui étaient données contre les insurrections. Mais il ne pouvait plus être question de réformes libérales; on avait vu qu'elles ne contentaient pas le parti révolutionnaire, et qu'il y trouverait des armes contre le pouvoir pontifical. Le prince de Metternich voulait que l'on se bornât à donner des libertés provinciales aux Légations seulement. Lord Palmerston proposa douze articles qui auraient donné à l'État romain un gouvernement représentatif; mais le pape ne consentit à aucune autre institution qu'à des États provinciaux, dont les membres seraient nommés par lui, et dont les attributions seraient seulement consultatives. Tout resta donc dans une situation mal assurée et provisoire : le souverain continua à être absolu, les populations conservèrent un fond de mécontentement, et les sociétés secrètes remirent leurs desseins d'insurrection à une époque plus favora-

ble; les Autrichiens restèrent à Bologne, et les Français à Ancône.

Lorsque, après plusieurs mois, les difficultés et les
inquiétudes qu'avaient suscitées la seconde insurrection
et la double invasion des Etats romains furent termi-
nées, M. de Sainte-Aulaire retrouva l'excellente et calme
situation qui avait été un moment troublée. Il se plaisait
au séjour de Rome, à la vie tranquille et douce qu'on
y mène, à ce bien-être que donne une société facile et
bienveillante, à ce charme des impressions ressenties
chaque jour, et comme par habitude, parmi les grands
souvenirs du passé, les ruines des anciens âges, les
chefs-d'œuvre des arts, les pompes de la religion. Il
désirait y rester longtemps; il y avait acheté un jardin
au pied des anciens murs de Rome.

Mais le gouvernement du roi Louis-Philippe disposa
autrement de lui. Le ministère qui, après la mort de
M. Périer, avait continué à suivre la même direction
politique, et montré la même fermeté contre le désordre,
fut remplacé par un cabinet composé d'hommes éminents dans les luttes parlementaires. Le duc de Broglie,
M. Guizot, M. Thiers entrèrent dans le conseil. Le
siége d'Anvers fut décidé. On n'avait plus à craindre la
guerre civile dans l'Ouest; la faction anarchique, vain-
cue au mois de juin, semblait abattue, et l'on ne pouvait pas douter de la ferme volonté du ministère à lui résister. Ainsi, le règne du roi Louis-Philippe prenait, aux
yeux de la France et de l'Europe, un aspect de force,
de sagesse et de stabilité. Ce fut dans ces circonstances
que M. de Sainte-Aulaire fut, au mois de janvier 1833,

nommé ambassadeur à Vienne : honorable et importante mission qui, dans l'état actuel des affaires, ne
laissait pas prévoir des difficultés et des crises sembla-
bles à celles où il s'était trouvé à Rome.

La cour de Vienne, ou, pour parler plus exactement,
le prince de Metternich, avait, dès le lendemain de la
révolution de Juillet, adopté, dans ses relations avec la
France, un système de conduite dont il ne s'est jamais
départi : ne témoigner ni aversion, ni hostilité au gouvernement du roi Louis-Philippe ; reconnaître hautement que son avénement à la couronne était le moyen
le plus efficace pour contenir dans de justes bornes la
révolution et pour l'empêcher de déborder sur l'Europe ;
maintenir la paix en ne faisant pas à sa conservation
des sacrifices qui aboutiraient à rendre, plus tard, la
guerre indispensable ; en même temps se garder soigneu-
sement contre l'esprit libéral et ne pas lui laisser envahir
les gouvernements qui n'avaient pas donné ou accepté
des constitutions.

Cette politique pouvait, à peu de chose près, sembler
sage et juste à un ambassadeur de France en Autriche.
Une conformité de vues et d'opinions devait s'établir entre M. de Metternich et M. de Sainte-Aulaire; leurs dissentiments ne comportaient pas une différence essentielle de
principes ; les questions qu'ils avaient à traiter devaient
donner lieu seulement à des discussions sur le plus ou le
moins et sur l'appréciation des faits. Le point de vue n'é-
tait pas le même à Paris et à Vienne, et M. de Metternich, quelle que fût sa sagacité, ne pouvait pas se rendre
un compte suffisant des difficultés intérieures du gouver-

nement français, des ménagements qu'il avait à garder,
ou des lenteurs prudentes qui lui étaient imposées.

Au moment où M. de Sainte-Aulaire arriva à Vienne,
il eut à traiter d'une préoccupation commune aux deux
cabinets. Le pacha d'Égypte avait, en 1832, envahi la
Syrie; il demandait à la Porte ottomane l'investiture
de ce pachalik. La France appuyait Méhémet-Ali de sa
protection et engageait le sultan Mahmoud à céder à
cette exigence; il s'y refusait, et, de son côté, le pacha
voulait que le district d'Adana et les passages du Taurus
fussent ajoutés au pachalik de Syrie. En même temps
l'empereur de Russie conseillait au sultan de ne point
faire de telles concessions à un vassal révolté, et offrait,
comme auxiliaire, d'envoyer une flotte et une armée
pour aider à le faire rentrer dans le devoir. La guerre,
suspendue pendant ces négociations, s'était rallumée, et
Ibrahim, fils de Méhémet-Ali, avait remporté, le 21 décembre 1832, une victoire complète sur les Turcs. Rien
n'arrêtait plus sa marche vers Constantinople; il la continua malgré les avis du chargé d'affaires de France.
Toutefois Méhémet-Ali, apprenant que le sultan avait
accepté les propositions de l'empereur Nicolas, qu'une
armée russe allait débarquer à Constantinople, et que la
Russie, de même que la France, offrait sa médiation, ordonna à son fils de suspendre les hostilités et de s'arrêter à Kutaya.

Il fallait que le sultan se trouvât réduit à une dure extrémité pour avoir accepté qu'une armée russe vînt débarquer aux portes de Constantinople. Dès que la marche de l'armée égyptienne fut interrompue, il fit adres-

ser au ministre de Russie une note où il exprimait le désir que l'empereur Nicolas se dispensât d'envoyer un secours qui n'était plus nécessaire; mais les ordres avaient été donnés avec un tel empressement que l'escadre était déjà en mer; elle entra le 20 février dans le Bosphore.

Cependant l'amiral Roussin, ambassadeur de France, arrivait à Constantinople par les Dardanelles; il déclara aussitôt à la Porte qu'il ne prendrait pas le caractère d'ambassadeur tant que l'escadre russe ne quitterait pas la station du Bosphore. Il s'engageait en même temps à conclure la paix entre la Porte et le pacha d'Égypte aux conditions que la Turquie avait déjà consenties.

Mais le pacha se refusa aux conditions réglées par l'amiral Roussin; Ibrahim, sans avancer vers Constantinople, s'étendit dans l'Asie Mineure et occupa même Smyrne; il l'évacua peu après, lorsque le commandant d'une escadre française, qui entra dans la rade, lui en eut intimé l'ordre.

Ainsi Méhémet-Ali n'était point docile aux conseils de la France; la guerre était renouvelée : la Porte chercha donc encore l'assistance de la Russie; sur ses instances, un corps de douze mille hommes fut débarqué sur la rive asiatique du Bosphore.

Voilà où en était la question d'Orient au moment où M. de Sainte-Aulaire arrivait à Vienne. Depuis l'époque où Joseph II et l'impératrice Catherine faisaient en commun la guerre à la Turquie et parlaient, moins sérieusement qu'on ne le disait, d'un grand royaume de Dacie pour un archiduc et d'un petit royaume de Thrace pour le grand-duc Constantin, qui aurait eu Constantinople pour capitale, le cabinet de Vienne avait, quant à la Turquie, changé de politique. La Révolution française et les grandes guerres avaient mis en jeu de plus graves intérêts, et les puissances occidentales s'étaient moins occupées de l'Orient.

La Porte ottomane avait été alternativement contrainte à être en guerre contre la France ou contre la Russie; Napoléon l'avait, pendant quelques instants, livrée à l'empereur Alexandre. Après la ruine de l'empire français, lorsque les puissances de l'Europe réglèrent en commun, au congrès de Vienne, la division des territoires et l'existence des souverainetés, la Turquie ne fut pas appelée à cette délibération; elle ne fut pas considérée comme un État européen, ni comprise dans le système politique auquel les souverains et leurs cabinets croyaient assurer une longue et solide durée.

Déjà trente années auparavant, la puissance ottomane semblait tellement affaiblie, et menacée d'un déclin si rapide et si prochain, que l'opinion européenne spéculait sur ce que deviendraient les débris de cet empire jadis si formidable, et qui plus d'une fois avait fait trembler la chrétienté. On disait que les Turcs n'étaient que campés en Europe; on parlait de renvoyer les barbares en Asie et de ramener la civilisation dans les territoires où ils l'avaient abolie. Il semblait même qu'on s'inquiétait peu de prévoir quels potentats accompliraient cette œuvre glorieuse et bienfaisante. Les hommes d'État et les gouvernements ne regardaient

pas avec tant de quiétude l'affaiblissement et la ruine
prochaine de l'empire ottoman. Déjà, lorsque les Russes
s'étaient emparés de la Crimée, lorsque l'empereur Joseph avait associé son ambition conquérante aux projets
de Catherine, le ministère français avait cherché à éveil-
ler l'Europe sur le danger que lui faisait courir l'agrandissement indéfini de la Russie.

Au congrès de Vienne il n'y avait plus d'illusion possible. L'empereur Alexandre avait été le chef de la coalition des rois contre la France; il semblait exercer une
sorte de dictature sur la politique européenne; il venait,
au grand déplaisir de l'Autriche et de l'Angleterre, de se
faire instituer roi de Pologne. Ce n'était pas seulement
la Turquie dont l'existence devait être garantie, c'était
le continent qu'il fallait préserver d'une prépondérance
trop semblable à une suzeraineté. Dans cette vue une alliance fut contractée entre la France, l'Angleterre et l'Autriche; elle fut écrite dans un traité secret; mais le retour
de l'île d'Elbe et la nouvelle coalition contre la France
changèrent encore la situation de l'Europe : les puissances eurent à s'inquiéter d'affaires plus grandes et plus
urgentes que la conservation de l'empire ottoman.

L'insurrection des Grecs et la guerre que la Russie entreprit contre la Turquie en 1828 ramenèrent la question
d'Orient. Ce fut le cabinet autrichien qui comprit le
mieux la gravité des circonstances. M. de Metternich
s'efforça de persuader aux cabinets de Paris et de Londres que le moment était venu de garantir l'empire ottoman de la domination russe. Il vint à Paris, dès l'année 1825, pour faire entendre ses conseils et traiter ce

grave sujet. L'opinion française commençait alors à s'animer d'un vif enthousiasme pour la cause des Grecs; le roi Charles X lui-même le partageait; d'ailleurs, ainsi que son ministère, il avait une grande préférence pour la politique qui le maintiendrait en bonne intelligence avec l'empereur de Russie.

Le ministère anglais ne s'associa point davantage aux inquiétudes de M. de Metternich. La bataille de Navarin détruisit la flotte turque; puis le royaume de Grèce fut créé, d'un commun accord, entre la France, l'Angleterre et la Russie, sans que l'Autriche voulût y concourir. La guerre éclata entre la Russie et la Turquie; et, tandis que le gouvernement français témoignait sa sympathie pour les Russes, chaque succès obtenu par les Turcs, chaque mécompte de l'empereur Nicolas était un sujet de joie manifeste à Vienne.

Le traité d'Andrinople, imposé à la Porte ottomane lorsqu'une armée russe marchait sur Constantinople, établit encore bien plus qu'auparavant la prépondérance de la Russie en Orient; elle paraissait même acceptée par les puissances occidentales, qui n'avaient porté aucun secours à la Turquie, ni par les armes, ni par les négociations.

Peu après, la conquête d'Alger et la haute protection accordée au pacha d'Égypte avaient encore abaissé la puissance ottomane.

M. de Metternich pouvait donc répondre à M. de Sainte-Aulaire, lorsqu'il était question de sauver la Turquie, que dès longtemps c'était l'Autriche qui avait pris intérêt à la puisance ottomane, tandis que la France lui portait les plus funestes coups. En ce moment même n'exigeait-elle pas, en faveur du pacha d'Égypte, les conditions les plus dommageables au sultan? C'était donc s'y prendre bien tard pour s'intéresser à elle et pour la protéger.

Toutefois M. de Metternich convenait qu'il était indispensable de la défendre contre la Russie. — « Au point, disait-il, où en sont les choses, il vaudrait mieux pour l'Autriche courir le risque d'une guerre d'extermination que de voir la Russie s'agrandir d'un seul village aux dépens de la Turquie. » — Ce n'est pas qu'aucune idée de guerre se présentât à l'esprit de M. de Metternich; il pensait qu'une déclaration de l'Autriche, de la France, de l'Angleterre et de la Prusse, qui comporterait garantie de la plus complète intégrité de l'empire ottoman, et l'engagement que les quatre puissances prendraient de s'opposer à tout agrandissement de la Russie, seraient la précaution la plus efficace et la plus sûre pour l'avenir. En même temps, cette précaution ne serait pas une offense à l'empereur Nicolas, puisqu'il protestait contre les vues d'ambition qu'on lui supposait. Ainsi la paix de l'Europe ne serait point troublée.

En réalité, le premier intérêt pour M. de Metternich était, à ce moment, de ne pas se brouiller avec la Russie. Il fallait sans doute l'arrêter dans son agrandissement, ne point la laisser peser sur l'Europe; mais sous la menace des révolutions, lorsque la France ne semblait pas avoir un gouvernement sur lequel on pût entièrement compter, rompre l'accord et l'intimité entre les grandes puissances non constitutionnelles eût été un acte d'imprévoyance coupable. Il ne se montrait donc ni effrayé ni irrité de l'intervention de la Russie dans la querelle du sultan et de Méhémet-Ali, non plus que de cette armée russe sur le rivage du Bosphore. Il savait bien et disait ouvertement que la politique de l'empereur Nicolas consistait essentiellement à ne point admettre que les autres grandes puissances intervinssent dans les affaires de Turquie, et qu'il entendait les traiter toujours avec le gouvernement ottoman, sans aucune délibération ou médiation européenne. Néanmonis M. de Metternich croyait ou feignait de croire que, dans la circonstance actuelle, l'empereur Nicolas retirerait ses troupes sans rien exiger de la Turquie, ne fût-ce que par ménagement pour l'Autriche, et pour ne pas troubler la bonne intelligence entre les deux puissances.

La traité d'Unkiar-Skelessi démentit bientôt après l'espérance de M. de Metternich. Il y était stipulé qu'une alliance défensive contre toute attaque extérieure ou intérieure était conclue pour huit années entre la Russie et la Turquie; le cas échéant, la Russie fournirait à la Turquie toute l'assistance qui lui serait nécessaire, soit par terre, soit par mer. Un article supplémentaire obligeait la Porte à fermer, en cas de nécessité, les Dardanelles à tout vaisseau étranger.

La Turquie se trouvait ainsi réduite à une sorte de vassalité; l'armée égyptienne avait repassé le Taurus. La crise du moment était terminée par un triomphe complet de la politique russe.

La France et l'Angleterre firent entendre des protestations à Saint-Pétersbourg et à Constantinople; cette démarche constata seulement que la Porte ottomane acceptait en toute confiance, ou plutôt en toute soumission, le protectorat de l'empereur de Russie. En fait, c'était lui qui avait efficacement pris la défense de la Turquie et l'avait préservée des attaques du Méhémet-Ali.

Le pacha n'en demeurait pas moins puissant et menaçant ; la Grèce était devenue indépendante ; la Servie se soulevait ; les principautés danubiennes étaient provisoirement occupées par la Russie. Ce traité, odieux aux Turcs, rendait le grand-seigneur impopulaire ; l'opinion musulmane plaçait, disait-on, ses espérances et son orgueil sur le pacha, et sa position en Europe se trouvait encore agrandie. On s'en réjouissait en France, on s'en inquiétait en Angleterre ; car l'établissement d'une souveraineté indépendante en Égypte pouvait rendre plus difficiles les communications du commerce anglais.

La ruine de l'empire ottoman paraissait donc plus imminente que jamais, et tous les cabinets prévoyaient que son sort serait bientôt la question qui préoccuperait l'Europe. Ainsi qu'il était facile de le prévoir, M. de Metternich ne s'associa point au mécontentement et aux protestations de la France et de l'Angleterre contre le traité d'Unkiar-Skelessi. Il pouvait y voir un manque d'égards pour l'Autriche, qui n'avait été ni consultée, ni prévenue, mais il n'y trouvait aucun motif actuel d'inquiétude. La France et l'Angleterre étaient déterminées à ne plus laisser la Turquie à la merci de l'empereur Nicolas : c'était une garantie dont l'Autriche recueillerait l'avantage, sans avoir à diminuer en rien l'entente amicale des deux empereurs.

Tout au contraire M. de Metternich pensait plus que jamais à resserrer les liens de la Sainte-Alliance ; non point dans une intention hostile à la France : personne plus que lui ne désirait que l'Europe conservât la paix ; mais comme il s'inquiétait du progrès des opinions révolutionnaires et même des idées libérales, il imaginait que l'Autriche, la Russie et la Prusse, en déclarant hautement qu'elles étaient unies dans les mêmes sentiments et dans les mêmes volontés pour réprimer dans leurs États, et au besoin par voie d'intervention dans les États de leurs voisins, toute insurrection ou révolte, imposeraient à l'Europe entière. Cette attitude comminatoire lui paraissait une précaution efficace contre les révolutions, par conséquent utile pour la conservation de la paix. Dans cette pensée il proposa une entrevue entre les trois souverains ; le motif de ce congrès devait être solennellement avoué ; une déclaration communiquée à toutes les puissances de l'Europe ferait ensuite connaître leurs intentions.

Le projet du prince de Metternich ne fut pas mis à exécution tel qu'il l'avait conçu. Le roi de Prusse, fidèle à sa prudence habituelle et à la politique de neutralité du cabinet de Berlin, refusa de se rendre à l'entrevue et se borna à envoyer M. Ancillon, son ministre ; l'empereur de Russie était dans une disposition très-différente, et passa quelques jours avec l'empereur d'Autriche à München-Grätz, près de Töpliz, en Bohême.

Le résultat de cette entrevue tant annoncée, et qui avait tenu l'Europe attentive pendant quelques jours, ne répondit pas aux vues et aux espérances de M. de Metternich : aucun traité ne fut signé; aucune mesure ne fut réglée, pas même par hypothèse et pour l'avenir; aucune déclaration ne témoigna d'une détermination commune aux trois souverains. M. de Metternich, M. Ancillon et M. de Nesselrode écrivirent, chacun de son côté, une lettre aux représentants de l'Autriche, de la Prusse et de la Russie près la cour de France, pour rendre compte de ce qui s'était passé aux conférences de München-Grätz et de ce qui avait été convenu, ou plutôt de ce qui avait été dit. Les représentants des puissances étaient, autorisés à donner communication verbalement ou par écrit, du contenu de la lettre qui leur était adressée. Ils se rendirent séparément chez M. le duc de Broglie, ministre des affaires étrangères.

Il était évident, d'après le texte des trois lettres et le langage des trois ministres, que chaque souverain avait pris part aux conférences dans un esprit différent, dans des dispositions, sinon contradictoires, du moins inégales en vivacité.

La dépêche de M. de Metternich, selon les habitudes de sa rédaction, s'étendait en considérations générales, en principes abstraits, en déductions doctorales où se complaisait cet homme d'État doué d'un esprit si pratique et d'une si grande sagacité d'observation. Il disait que les gouvernements constitutionnels avaient nécessairement une prédilection pour des doctrines et des opinions conformes à leurs institutions, et qu'ils les considéraient comme les meilleures. Ainsi, ils voyaient sans crainte, et même avec satisfaction, leurs développements et leurs progrès; donc, ils étaient indulgents, et peut-être sympathiques, aux efforts tentés pour établir les mêmes formes de gouvernement dans d'autres États. Mais, sous l'apparence d'idées libérales, en se masquant sous un désir de justice et d'amélioration, un système de propagande, qui étendait son influence sur toute l'Europe, conspirait pour ruiner les institutions consacrées par le temps, pour bouleverser la société et violer tous les droits publics et privés. Un pareil système était hostile à tous les gouvernements quelconques; tous avaient pour devoir de le combattre. C'était ce que faisait avec tant de sagesse, de fermeté et de dévouement, le roi Louis-Philippe, et le chancelier d'Autriche se répandait en louanges de ce prince.

Mais on pouvait ne pas réussir à déjouer les machinations auxquelles se livrait une vaste et dangereuse faction; elle pouvait troubler la paix publique dans quelques États, et les livrer à de funestes agitations qui les mettraient dans le cas de réclamer l'appui de leurs alliés. Ainsi était amenée la conclusion. — « Cet appui ne leur manquerait pas, et toute tentative qui serait faite pour s'y opposer serait considérée par les trois cours comme une hostilité dirigée contre chacune d'elles. »

Cette communication fut reçue par le duc de Broglie avec hauteur; elle lui sembla une offense à la dignité de la France. Il trouva que les éloges adressés au gouvernement du roi cachaient mal une insinuation injurieuse, et semblait supposer une connivence avec la propagande révolutionnaire. La menace adressée à la France était contraire aux convenances, d'autant qu'elle était par-

faitement inutile, puisque le gouvernement du roi avait
hautement reconnu que l'intervention était de droit,
lorsque les intérêts d'une puissance étaient compromis
et menacés. Ce principe de conduite avait été pratiqué
de part et d'autre; l'occupation d'Ancône et le siége
d'Anvers en étaient la preuve, et c'est ce qui arriverait
encore si une armée étrangère entrait en Belgique, en
Suisse ou en Piémont.

Cette réponse fut envoyée en communication aux représentants de la France dans les cours étrangères et
reçut une grande publicité. Le cabinet de Vienne ne s'attendait pas à l'effet que produiraient l'entrevue de München-Grätz et l'inutile déclaration qui en était émanée.
La menace adressée au gouvernement français avec
tant d'égards et de ménagements dans la forme, et la réponse qu'il avait faite, contribuaient à le faire paraître
plus fort et mieux établi.

M. de Werther, ministre de Prusse, et le comte Pozzo,
ambassadeur de Russie, en communiquant à M. le duc
de Broglie la détermination de München-Grätz, détermination qui n'avait rien d'actuel, semblèrent s'acquitter
d'une vaine formalité, et la réponse qui leur fut faite
n'eut pas le même ton que les paroles dites au chargé
d'affaires d'Autriche.

M. de Metternich ne se montra nullement mécontent
de l'accueil fait à sa dépêche et ne témoigna aucun regret
ni mécompte du mauvais succès des conseils qu'il avait
donnés. Une circonstance insignifiante donna lieu cependant à quelques explications assez vives entre M. de
Sainte-Aulaire et lui. — Le chargé d'affaires d'Autriche,

en rendant compte de ce qui lui avait été répondu,
avait omis de joindre le Piémont à la Belgique et à la
Suisse, où une intervention étrangère amènerait une armée française, avait dit M. le duc de Broglie; M. de Metternich maintint obstinément que cette menace avait été
ajoutée après coup et l'écrivit ainsi à la cour de Turin.
Comme maintes fois cette intention hypothétique du gouvernement français avait été annoncée, il importait peu
qu'elle eût été exprimée une fois de plus. C'est ce que l'ambassadeur représenta au prince de Metternich, en répétant formellement que telle était l'intention de la France.

Leurs relations de confiance et de goût mutuel ne
furent troublées ni en cette occasion, ni dans aucune
autre. M. de Sainte-Aulaire avait tous les avantages qui
devaient lui donner une excellente position dans la société viennoise. Il trouvait naturellement sa place dans
cette aristocratie exclusive, qui ne forme pas une cour,
tant la simplicité de mœurs de la maison de Lorraine
comporte peu le faste de la représentation; elle est plutôt une noble coterie, où l'on vit entre soi, sans s'occuper de ce qui n'entre pas dans le cercle de ses sentiments, de ses idées, de ses impressions; où la conversation facile, naturelle, élégante, a les formes de
l'esprit, même lorsqu'elle n'en a pas la réalité. Les opinions politiques auraient pu diminuer la bienveillance
pour l'ambassadeur du roi Louis-Philippe; mais l'empereur François, le prince de Metternich et les principaux
conseillers du gouvernement impérial avaient, dès le
premier moment, témoigné quelle était leur pensée sur
la révolution de Juillet et quelle conduite devait être sui-

vie. C'était assez pour que la société, par insouciance autant que par obéissance, ne s'occupât point des affaires de l'État, et accueillît avec une bienveillance empressée un ambassadeur, gentilhomme, aimable, spirituel, et qui d'ailleurs ne se serait pas laissé dire ce qu'il ne lui convenait pas d'entendre. Ainsi tout contribua à rendre le séjour de Vienne agréable à M. de Sainte-Aulaire; et comme le succès d'une ambassade ne consiste pas uniquement dans la politique, Mme de Sainte-Aulaire y avait sa part. La grâce de son esprit, le charme de son caractère, l'élégance de ses manières, faisaient de son salon un centre où affluait avec empressement l'aristocratie autrichienne.

L'ambassadeur de France était non-seulement bien venu et entouré de considération, mais cet accueil constatait que l'opinion était de plus en plus disposée favorablement pour le souverain et la nation dont il était le représentant.

Toutefois, M. de Sainte-Aulaire savait bien qu'il ne fallait pas juger sur ces apparences les sentiments réels de la cour impériale. Il ne se faisait pas l'illusion où se laissaient aller le roi Louis-Philippe et la famille royale. Le roi supposa qu'un mariage pouvait resserrer les liens entre les deux maisons royales, déjà rapprochées l'une de l'autre par beaucoup d'alliances et une parenté très-proche.

Rien ne devait être traité officiellement dans cette importante affaire : le roi y voyait un intérêt de famille plus qu'un calcul politique. M. le duc d'Orléans et M. le duc de Nemours arrivèrent à Berlin au commencement

de mai 1836; ils y furent reçus, comme on en avait
d'avance la certitude, avec tous les témoignages d'une
bienveillance empressée, et le roi de Prusse leur montra
une amitié toute paternelle.

De là ils se rendirent à Vienne, où les attendait un
semblable accueil : c'était ce dont M. de Sainte-Aulaire avait donné l'assurance, sans jamais avoir dit qu'un
autre succès fût vraisemblable. L'empereur et sa famille
traitèrent les jeunes princes comme parents, et comme
les fils d'un grand souverain, ami de l'Autriche. Leur
séjour fut une série de fêtes. — « Vous savez, » écrivait
alors M. de Sainte-Aulaire, « combien a été grand le
succès de M. le duc d'Orléans; les opposants sont restés
dans l'isolement; tous les gens considérables affluaient
dans mes salons et se faisaient présenter aux princes.
Pas une critique, pas une anecdote désobligeante n'a
trouvé crédit dans le public. Il a été reconnu par tous,
sans exception, qu'on ne pouvait être plus dignes et
plus gracieux, plus instruits et plus capables. »

L'ambassadeur n'avait rien à négocier, nulle proposition, nulle demande à faire; c'était M. le duc d'Orléans qui devait lui-même s'occuper de réaliser le projet
et les espérances du roi son père. Il dut croire pendant
quelques jours que le succès était acquis. L'archiduc
Charles, dès le premier abord, l'accueillit comme un
fils, se félicita de le voir souhaiter la main de sa fille;
l'archiduchesse se montra docile à la volonté de son
père, qui paraissait conforme à son penchant.

Le moment semblait venu de procéder officiellement.
M. de Sainte-Aulaire, selon la volonté du prince, parla

à M. de Metternich, qui répondit que le mariage de l'archiduchesse était une affaire de famille et qu'il n'avait point à y intervenir. C'était un signe assuré que la bonne et sincère volonté de l'archiduc Charles trouverait un obstacle insurmontable, et que l'empereur cédait à une influence de famille que M. de Metternich ne voulait pas combattre par des motifs politiques. M. le duc d'Orléans n'alla pas plus loin ; l'archiduc Charles lui apprit, les larmes aux yeux, que le mariage était impossible ; ainsi il n'y eut ni demande adressée à l'empereur, ni refus officiel.

Le prétexte, ou peut-être le motif qui fut employé pour s'opposer aux intentions de l'archiduc Charles, fut le danger continuel où vivait la famille royale de France, la menace persistante d'une révolution, les séditions qui se succédaient d'année en année, les tentatives d'assassinat, et surtout l'horrible attentat de Fieschi. Quelques jours plus tard, on aurait pu ajouter à cette liste le crime d'Alibaud.

Les relations de l'Autriche avec la France restèrent les mêmes ; de part ni d'autre aucune inimitié, aucun mécontentement ne furent exprimés. Toutefois, la bonne intelligence de la France et de l'Angleterre devint de plus en plus la politique du cabinet des Tuileries, au grand déplaisir des puissances continentales.

L'Orient n'avait pas cessé d'être une cause menaçante de perturbation pour l'Europe. Le pacha d'Égypte, dans son ambition conquérante, continuait à menacer la Turquie. Rien n'avait été réglé définitivement entre le sultan et Méhémet-Ali. L'armée égyptienne avait repassé

le Taurus et occupait la Syrie ; mais cette province n'a-
vait pas été concédée au pacha d'Égypte : il était censé
la régir au nom et sous l'autorité du sultan, comme
pacha révocable à volonté. Pendant l'année 1834, il
eut à y réprimer le soulèvement de presque toutes les
populations, qui trouvaient son joug plus dur et plus
onéreux que celui de la Porte ottomane.

Voyant ainsi la domination de Méhémet-Ali mal assurée, le sultan revint au projet de le détruire, ou du moins
de diminuer son territoire et sa puissance. En même
temps, écoutant les conseils de la France et de l'Angleterre, il opérait de grandes réformes dans son gouvernement et surtout dans son régime militaire ; il tentait
d'avoir une armée régulière et disciplinée. La protection
qu'il avait sollicitée et obtenue de la Russie avait excité
la méfiance des puissances occidentales ; lui-même savait
que ce patronage serait une domination. La Porte ottomane commença dès lors à rechercher l'appui de l'Angleterre ; quant à la France, elle se montrait si favorable au pacha d'Égypte qu'il y avait peu à compter sur
son appui.

Méhémet-Ali, jugeant que la Porte ottomane trouverait
des protecteurs et des auxiliaires parmi les puissances européennes, se trouvant lui-même empêché par la rébellion
de quelques-unes de ses provinces d'Afrique et d'Asie,
proposa, comme un arrangement définitif, que les pa-
chaliks d'Égypte et de Syrie deviendraient héréditairement une vassalité souveraine pour lui et pour sa famille.
Cette négociation n'eut pas de suite ; la Porte ottomane
ne voulait point que la Syrie fût comprise dans l'institu-

tion d'un État presque entièrement soustrait à sa dépen-
dance. Dès lors il fut évident que la guere ne tarderait
pas à se rallumer entre le sultan et son vassal. Aucune
des puissances européennes ne souhaitait ce nouveau
conflit; il rendait nécessaire de traiter les graves questions sur lesquelles on n'espérait pas s'entendre; la paix
du monde pouvait en être troublée.

Toutefois le gouvernement anglais, et surtout son
ambassadeur à Constantinople, encourageaient le sultan
dans ses projets et ses préparatifs contre Méhémet-Ali;
au contraire l'ambassadeur de France arrêtait par ses
représentations le moment de l'explosion. Un traité de
commerce conclu entre l'Angleterre et la Turquie, traité
auquel la France fut engagée à prendre part, précipita
les événements. Méhémet-Ali, agissant déjà comme souverain indépendant, refusa d'abord de s'y soumettre;
puis il s'engagea à s'y conformer après plusieurs années
de délai. Au mois de juin 1839, la flotte ottomane
sortit des Dardanelles, et une armée turque s'avança en
Syrie jusqu'à l'Euphrate.

Une note fut adressée aux représentants de l'Autriche
et de la Russie, pour annoncer que le sultan ne pouvait
endurer plus longtemps l'insolence d'un pacha rebelle
et ne se soumettrait jamais à ses prétentions exorbi-
tantes.

Ibrahim, qui commandait l'armée égyptienne, se tint
d'abord sur la défensive et obtempéra aux avis de l'of-
ficier français qui avait été envoyé auprès de lui. Mais
la position que les Turcs occupaient lui semblant mettre
son armée en danger, il livra bataille le 24 juin à Nézib

et remporta une victoire complète; les Turcs furent mis
en déroute. Rien n'aurait arrêté le vainqueur; mais, ayant
égard à l'intervention de la France, il suspendit sa marche et n'avança point sur la route où il n'aurait rencontré aucun obstacle.

Aussitôt que cette guerre avait paru inévitable et prochaine, les cabinets des grandes puissances s'étaient
émus. De tous côtés on désirait sincèrement que la paix
de l'Europe ne fût pas troublée. M. de Metternich, qui la
souhaitait plus qu'aucun autre, crut que l'occasion était
favorable, non-seulement pour régler le différend du sultan et du pacha par une délibération commune des grandes puissances, mais pour donner, par une transaction
solennelle, une garantie européenne à l'intégrité de l'empire ottoman. Il fit part de ses vues à M. de Sainte-Aulaire, et indiqua Vienne comme le lieu le plus convenable
pour la conférence où cette grande question serait traitée. Le roi Louis-Philippe, qui, lui aussi, ne voulait point la
guerre, accéda facilement à cette pensée. En Angleterre,
le ministère paraissait convaincu que l'empereur Nicolas ne voudrait pas se départir des articles d'Unkiar-
Skelessi et qu'il fallait envoyer une flotte et une armée à
Constantinople. Lord Ponsonby contribuait surtout à
donner cette crainte à son gouvernement; il ne s'agissait
de rien moins que de prendre les devants, de faire passer les Dardanelles aux escadres anglaises et françaises.
— « Nous avons juré, disait-il, de brûler la flotte russe
à Sébastopol, et nous tiendrons ce serment. »

Sans aller aussi loin et aussi vite, les gouvernements
français et anglais firent savoir à la Russie que, si elle

envoyait, selon le traité d'Unkiar-Skelessi, une armée au secours de la Turquie, les escadres entreraient par les Dardanelles et arriveraient devant Constantinople. Aussi, lorsque les négociations commencèrent, M. de Nesselrode pouvait dire : — « C'est donc de la Russie qu'il s'agit, et non point de la Turquie. »

M. de Metternich ne négociait point avec la Russie sur un pareil ton. Son insistance, pour décider l'empereur Nicolas à entrer dans une délibération européenne, n'avait rien de menaçant ; il parlait au nom de l'intérêt bien entendu de la Russie, et faisait appel à la sagesse de l'empereur, qui était fort mécontent de cette initiative prise par le cabinet de Vienne, mais ne montrait aucune irritation. Après avoir hésité quelques jours, il annonça verbalement à l'ambassadeur d'Autriche qu'il enverrait un plénipotentiaire à la conférence de Vienne ; lui aussi ne voulait point la guerre, et ne pouvait rester exposé à voir le sort de l'empire ottoman réglé sans qu'il prît part à la délibération, ni à se trouver en face de l'alliance de la France, de l'Autriche et de l'Angleterre.

A peine l'empereur de Russie avait-il consenti à la proposition de l'Autriche qu'il apprit successivement, en très-peu de jours, la mort du sultan Mahmoud, la bataille de Nézib et la trahison du capitan-pacha, qui avait amené la flotte turque à Alexandrie, en la livrant au pacha.

Les circonstances devenaient si graves qu'il était essentiel pour l'empereur Nicolas, et même pour les autres puissances, de voir quelles allaient être les premières conséquences de la mort du sultan Mahmoud.

Abdul-Medjid succéda à son père sans que nul trouble éclatât à Constantinople. Aucun parti ne se déclara pour Méhémet-Ali. Il n'était pas regardé comme le puissant défenseur de l'islamisme, mais comme un vassal révolté et formidable.

Ainsi la question d'Orient se réduisit à sauver le nouveau sultan des attaques de Méhémet, à continuer de mettre opposition à la marche d'Ibrahim, et à conclure un arrangement définitif et durable, qui assurât la paix entre la Turquie et l'Égypte. C'est de quoi s'occupèrent toutes les puissances par voie de négociation, sans établir une conférence à Vienne.

La difficulté consistait maintenant à faire accepter par le pacha les conditions que lui feraient les puissances européennes. Quant à la Porte ottomane, elle était tellement disposée à se soumettre à toutes les exigences, elle était si dénuée de moyens de défense, qu'elle était sur le point de consentir aux propositions de Méhémet, et qu'un traité eût été signé sans le concours des puissances, si M. de Metternich, prévenu à temps, n'avait point décidé les ambassadeurs de France et d'Angleterre, à Vienne, à prendre sur eux la responsabilité d'envoyer, d'accord avec lui, aux agents diplomatiques à Constantinople, l'instruction de s'opposer à la conclusion de tout traité où les puissances européennes n'interviendraient pas.

Méhémet-Ali reçut en même temps l'injonction de ne point faire avancer son armée en Asie Mineure et de restituer la flotte au sultan. Il ne se conforma point à cette seconde condition; mais, en obéissant à la première, il écartait une des incertitudes qui préoccupaient les puissances : il n'était plus nécessaire de secourir Constantinople; l'empereur de Russie n'avait plus occasion d'y envoyer des vaisseaux et une armée; il ne lui fallait plus consentir à laisser en même temps entrer les escadres françaises et anglaises dans les détroits. Ainsi il était désintéressé dans les négociations qui se continuaient pour statuer quelles concessions la Porte aurait à faire au pacha d'Égypte et quelle position on lui accorderait. Sur ce point les puissances occidentales étaient loin d'être accord.

La France s'était éprise d'admiration et de sympathie pour Méhémet-Ali. Un mouvement d'opinion presque semblable à celui qu'avait suscité quelques années auparavant la cause de Grecs s'était déclaré en faveur du pacha d'Égypte. On se persuadait qu'il était destiné à faire régner la civilisation dans l'Orient; il prenait à son service des officiers français; il avait une armée disciplinée; le commerce était protégé; des ingénieurs et des savants étaient appelés pour fonder ou diriger des établissements publics; de sorte qu'on ne prenait pas garde à la dure oppression qu'il faisait peser sur les populations soumises à son autorité. Le gouvernement du roi s'associait à cet entraînement. Lorsqu'il avait demandé un crédit extraordinaire pour subvenir aux dépenses que pouvaient nécessiter les circonstances, la chambre des députés avait manifesté sa prédilection pour le pacha. Le cabinet français, tout en étant fermement résolu à sauver l'empire ottoman et à ne point le livrer à l'ambition de Méhémet, était donc enclin à ne lui rien retran-

cher de ce qu'il avait conquis et à lui en conférer la souveraineté héréditaire, sous condition de vassalité.

Lord Palmerston et le cabinet anglais étaient loin d'a-
voir la même bienveillance pour le pacha. Un transit à
peu près libre, ou du moins facile, était essentiel au
commerce anglais pour ses communications avec l'Inde
par la mer Rouge, et il ne trouvait point bonne volonté
dans le gouvernement égyptien. D'ailleurs lord Ponsonby, ainsi que tous les membres du corps diplomatique à
Constantinople, au point de vue où ils étaient placés, ju-
geaient l'Égypte tout autrement que l'opinion française
et conseillait de ne point lui sacrifier les intérêts de la
Turquie. Dès l'année précédente il avait contribué à la
détermination que la Porte ottomane avait prise de recommencer la guerre. Le bon accord entre la France et
l'Angleterre n'existait donc plus sur la seule question
qui restait à traiter.

M. de Metternich, depuis que les négociations étaient
réduites à ce seul point, avait vu que l'Autriche ne pourrait point avoir le rôle qu'il avait espéré, et qu'il ne serait point médiateur et arbitre dans une conférence européenne qui réglerait et assurerait l'existence de l'empire
ottoman. Quant à la distribution des territoires entre le
sultan et le pacha, son opinion était plutôt favorable à
la Porte ottomane : il ne prenait pas intérêt à un vassal
en révolte, et il lui semblait qu'il n'était point à propos
de dépouiller et d'amoindrir la puissance ottomane,
lorsqu'il s'agissait de la maintenir et de la relever; mais
avant tout il songeait à empêcher que la paix de l'Europe fût compromise par les dissentiments qui allaient

s'élever sur la question égyptienne. Il eût volontiers partagé l'opinion de lord Palmerston; mais, encore que l'alliance intime de la France et de l'Angleterre l'inquiétât, comme fâcheuse pour l'indépendance des autres États européens, il prévoyait que, si la discorde se mettait entre la France et l'Angleterre, une guerre générale et funeste en pourrait résulter. Il avait donc l'intention de ménager la France, sans pourtant se joindre à elle dans son opposition à l'Angleterre. En outre, comme les projets qu'il avait laissé voir, et la pensée de placer la Turquie sous la garantie des grandes puissances contre la Russie, avaient déplu à l'empereur Nicolas, le crédit qu'il avait auparavant sur la politique russe avait fort diminué; il lui fallait donc faire montre de dévouement et d'obséquiosité pour retrouver son influence.

L'empereur Nicolas n'avait plus à craindre qu'une conférence délibérât sur ses rapports avec la Turquie. Il était dispensé de l'intervention armée stipulée à Un-kiar-Skelessi, qu'il n'aurait pu exercer sans subir le concours des autres puissances, ce qui eût été plus fâcheux pour lui que de renoncer au traité. Les affaires de la Turquie et de l'Égypte, du moment que Constantinople n'était point menacé, pouvaient lui être indifférentes, et il en avait souvent parlé en ce sens. Mais, comme il l'avait prévu, cette question devait brouiller la France et l'Angleterre : c'était depuis longtemps son désir et son espérance. Il s'empressait à assurer le cabinet anglais de son assentiment à tout ce qu'il proposerait pour dépouiller et soumettre le pacha. Le baron de Brunow, un des hommes les plus capables et les plus habiles de la diplomatie russe, apporta d'abord à Londres une proposition calculée pour obtenir l'approbation du cabinet anglais. Elle se rapportait, non pas à la distribution des territoires, mais aux moyens à employer pour soumettre le pacha. L'empereur de Russie offrait d'envoyer une armée dans l'Asie Mineure et une autre à Constantinople, tandis que les flottes anglaises et françaises se porteraient sur Alexandrie. Le cabinet de Vienne avait connaissance de cette proposition et y avait accédé; mais le ministère anglais ne l'accueillit point et pensa, comme le gouvernement français, qu'avant de décider quels moyens coercitifs seraient employés contre le pacha d'Égypte il était nécessaire de déterminer quelles conditions lui seraient faites et signifiées.

Ce fut sur ces conditions, longtemps débattues, que, pendant plus de six mois, le cabinet des Tuileries ne réussit point à se mettre d'accord avec lord Palmerston. D'un côté on voulait que la souveraineté héréditaire accordée au pacha comprît la Syrie ainsi que l'Égypte ; de l'autre on consentait à lui laisser une portion de la Syrie, mais seulement durant sa vie. Lord Palmerston était même assez disposé à agrandir cette concession, afin d'obtenir l'assentiment de la France. En même temps, il était impossible d'écarter la question des moyens coercitifs à employer contre Méhémet pour lui faire accepter les conditions qui seraient réglées avec les puissances ; car il s'était prononcé formellement et avait déclaré la limite des sacrifices auxquels il consentirait.

Le gouvernement français alléguait cette obstination du pacha pour se refuser aux projets plus ou moins conciliants proposés par lord Palmerston. On lui disait qu'employer la force armée pour vaincre les refus de Méhémet, ce serait entreprendre une guerre dont les suites étaient incalculables ; car on se faisait aux Tuileries des idées exagérées de sa puissance, de l'état de son armée, de son influence sur les populations musulmanes. — La Turquie, disait-on, est sans défense. Il faudrait donc envoyer des troupes dans l'Orient ou appeler les armées russes dans l'Asie Mineure. Dans les pays non civilisés, où l'on ne trouverait aucune ressource, où il y y aurait à combattre des soldats sans discipline qui se dispersaient devant le vainqueur, où l'on serait environné d'une population fanatique, la guerre pouvait se prolonger pendant un temps indéfini. On saurait quand elle commencerait, mais nul ne pouvait prévoir quand elle serait terminée. — Le Caucase et l'Algérie étaient présentés comme exemples. Il ne fallait donc pas engager l'Europe dans une pareille entreprise, dont une perturbation générale pouvait être la conséquence.

Ces considérations ne changeaient point la volonté de lord Palmerston. Il ne croyait pas que le pacha fût si redoutable ; les informations qu'il recevait de Constantinople ne lui faisaient pas prévoir que sa résistance fût si difficile à vaincre. D'ailleurs, malgré son désir de garder des ménagements envers la France, son caractère irritable ne devait pas laisser espérer qu'il ferait le sacrifice entier de son opinion. Peut-être aussi ne voulait-il pas que la France, dans une si grande question, demeu-

rât arbitre souverain d'une affaire où toute l'Europe était
intéressée, et soupçonnait-il qu'aux Tuileries on désirait
et l'on espérait avoir ainsi le premier rôle. Il était assuré
qu'à Saint-Pétersbourg un assentiment empressé serait
donné à tout projet qui ne serait pas agréé par la France :
non point que l'empereur Nicolas prît un intérêt véritable à ce que pourrait être un partage de la Syrie ; mais
faire subir un échec au gouvernement du roi Louis-Philippe, rompre l'accord qui unissait la France et l'Angleterre, c'était pour lui une sorte de victoire.

La disposition de M. de Metternich n'était pas la
même. Rien dans cette affaire d'Orient ne s'était passé
comme il l'aurait voulu, comme il l'avait espéré. Ses
projets avaient été repoussés, moins par les autres cabinets que par les événements; son influence était annulée.
C'était à Londres, et non à Vienne, que la négociation
était suivie. Maintenant son discernement ne lui servait
qu'à reconnaître les conséquences funestes qui pouvaient
sortir de la situation. Moins que jamais il ne voulait se
séparer de la Russie; ce n'était pas le moment d'être en
mauvaises relations avec l'Angleterre. Et pourtant, si la
France était écartée de cette délibération européenne,
elle pouvait ressentir si vivement cette offense que la
paix de l'Europe en serait troublée et qu'on pourrait voir
renaître les guerres et les révolutions. Terminer sans que
la France y prît part les affaires d'Orient lui semblait une
périlleuse extrémité. Telles étaient les pensées du chancelier d'Autriche, et M. de Sainte-Aulaire les connaissait
même lorsqu'elles ne lui étaient pas confiées. Il ne se
trompait pas sur le peu de compte qu'il fallait tenir des

ménagements gardés avec la France, et prévoyait, peut-être plus qu'on ne voulait le croire à Paris, que la signature du ministre autrichien serait apposée à côté de celle du ministre de Prusse, dont la disposition était la même, et de celle de M. de Brunow, pour sanctionner le projet où persisterait lord Palmerston.

Ce projet de partage fut communiqué à l'ambassadeur de France. L'administration du pachalik d'Egypte était héréditairement concédée à Méhémet-Ali et à ses descendents; la partie méridionale de la Syrie, avec la forteresse d'Acre, serait aussi sous son administration, mais pour sa vie seulement.

L'ambassadeur de France n'était point autorisé à adhérer à ce projet. Le gouvernement du roi, y voyant une concession de lord Palmerston, conçut l'espérance d'obtenir davantage; il savait que les autres membres du cabinet britannique hésitaient beaucoup à se séparer de la France. Le ministère français présenta donc encore des objections; le 15 juillet 1840 le traité fut signé par les quatre puissances.

Ce dénoûment n'avait pas été prévu à Paris. On y avait vécu dans l'illusion que l'Autriche et la Prusse ne risqueraient point la paix de l'Europe, et que lord Palmerston n'entraînerait pas le consentement de ses collègues.

Lord Palmerston, en communiquant le traité, protesta qu'il n'entraînait point une rupture avec la France; que l'alliance subsistait toujours; que les avis pouvaient différer sur une question particulière sans que le bon accord sur le système politique cessât d'être le même.

Enfin son langage était d'autant plus conciliant qu'il venait de consommer un acte qu'on devait regarder comme une offense.

L'Autriche et la Prusse s'empressèrent aussi de donner les plus amicales assurances. Même à Saint-Pétersbourg les apparences ne ressemblèrent pas à un triomphe obtenu sur un ennemi.

Le cabinet des Tuileries ne témoigna d'abord aucune irritation; tout en voyant un mauvais procédé dans la signature du traité délibéré sans que la France fût représentée à la conférence, il exprima le vœu et l'intention que la paix de l'Europe n'en reçût aucune atteinte, et invita même le pacha à accéder aux conditions qui lui étaient faites. Il s'y résigna, en réclamant toutefois que la Syrie entière lui fût accordée viagèrement.

Le sultan, en réponse à cette soumission qui n'était pas complète, proclama la déchéance de Méhémet-Ali. Cet acte n'était point une conséquence nécessaire du traité du 15 juillet; il émanait de la Porte ottomane, sans aucun concours des puissances. L'Autriche et la Prusse le désavouèrent hautement, et le ministre de Russie à Constantinople s'y était opposé; lord Palmerston assura que la Porte ottomane ne le considérait que comme une menace qui n'engageait à rien. La vérité était que lord Ponsonby l'avait provoqué.

Le gouvernement français ne pouvait se laisser braver ainsi, ni laisser mettre en question non plus seulement l'étendue des territoires qui resteraient soumis à Méhémet-Ali, mais l'existence de sa puissance en Égypte, même comme vassal : le complet anéantissement du pro-

tégé de la France n'était pas admissible. L'empire ottoman
n'en deviendrait pas plus fort, n'en resterait que plus
exposé à la domination ou à la conquête de ses puissants voisins. L'équilibre de l'Europe en demeurerait
troublé. M. Thiers était alors ministre des affaires étrangères; il avait ressenti vivement, comme une offense et
une menace faites à la France, la signature du traité du
15 juillet; il s'était refusé à croire, comme lord Palmerston le déclarait, que ce dissentiment sur la question
d'Égypte ne changerait rien aux bons rapports de la
France et de l'Angleterre et au système politique de
l'Europe. Il répondit : — « Quand on aura poursuivi,
sans nous et malgré nous, un but que nous croyons mauvais; quand on aura à cet effet formé une alliance trop
semblable aux coalitions qui ont ensanglanté l'Europe,
croire qu'on retrouvera la France sans défiance, sans
ressentiment d'une telle offense, c'est se faire de la fierté
nationale une idée qu'elle n'a jamais donnée au monde. »

À ce langage, qui semblait présager le renouvellement
des guerres dont il rappelait le souvenir, s'ajoutèrent
des préparatifs militaires annoncés avec éclat, la con-
struction des fortifications de Paris, une excitation de
l'opinion publique par des articles de journaux qui re-
présentaient la France menacée et menaçante. Il semblait même qu'on ne craignît point de réveiller les passions révolutionnaires comme auxiliaires de la défense
du territoire.

Toutefois le gouvernement du roi ne voulait point la
guerre; il avait déclaré qu'aucun secours ne serait donné
à Méhémet-Ali; il l'engageait encore à réduire ses préten-

tions jusqu'aux termes du traité du 15 juillet; il faisait rentrer l'escadre française à Toulon. Il supposait que la crainte de la guerre conseillerait aux puissances européennes plus de ménagements et d'égards pour la France.

Une autre illusion venait de se dissiper; l'escadre anglaise avait trouvé peu de résistance et s'était emparée de Beyrouth et de Saint-Jean-d'Acre. Une insurrection de toutes les populations de Syrie détermina Méhémet-Ali à rappeler son armée, et à signer le **27** novembre, avec le commodore Napier, une convention par laquelle il s'engageait à évacuer la Syrie entière, et à restituer la flotte turque, dès qu'il aurait reçu du sultan l'investiture héréditaire de l'Égypte, que le commodore Napier était autorisé à lui promettre, au nom des puissances, sous la réserve plus apparente que réelle du consentement de la Sublime-Porte.

Ainsi fut terminée, avec une facilité qui n'avait pas été prévue, une question qui avait failli troubler la paix de l'Europe. C'était surtout en France qu'on avait cru aux graves et funestes conséquences du traité du 15 juillet et des mesures prises contre le pacha d'Égypte. Il était vaincu et soumis; mais comme le gouvernement du roi avait déclaré qu'il ne se regardait comme appelé à prendre fait et cause pour lui que dans le cas où l'on voudrait le dépouiller de l'Égypte, l'abaissement auquel il se résignait n'était pas un cas de guerre.

M. de Sainte-Aulaire se trouvait en congé lorsque fut signé le traité où la France n'avait point participé; il retourna aussitôt à son poste. Le prince de Metternich était alors aux eaux en Bohême. Ainsi que le supposaient l'ambassadeur et le ministère français, il était inquiet de ce qui pourrait advenir d'une rupture entre la France et l'Angleterre; la signature du traité par quatre puissances seulement lui paraissait une faute et un manque d'égards; du moins il en parlait en ces termes. Il avait toujours cru à la résistance du pacha et ne prévoyait pas sa chute rapide. Son avis était qu'on ne lui fît pas des conditions dures, et qu'en modifiant celles du 15 juillet on opérât un rapprochement avec la France; car on ne pouvait, selon lui, se hâter trop de se remettre cinq ensemble.

Les événements contribuèrent plus efficacement à ce dénoûment que les conseils du chancelier d'Autriche. Il s'était empressé d'engager la Porte à donner son assentiment aux promesses faites au pacha par le commodore Napier, et à ne point écouter les conseils excessifs de lord Ponsonby. Ce fut seulement le 13 février 1841 qu'un hatti-schérif du sultan assura l'hérédité du pachalik d'Égypte à Méhémet-Ali, en déterminant les conditions de vassalité auxquelles il serait soumis.

Ces conditions étaient si onéreuses, si peu compatibles avec la mesure de souveraineté dont un grand vassal doit jouir, que le pacha protesta, toutefois sans se mettre en rébellion; ses réclamations parurent justes à l'Autriche, à la Prusse, et même à lord Palmerston. Quant à la France, elle n'avait point à s'immiscer dans l'exécution d'un traité auquel elle avait refusé de concourir.

Au moment où tout avait paru terminé, l'Autriche, la Prusse et l'Angleterre avaient jugé nécessaire qu'une nouvelle convention, portant garantie à l'intégrité de l'empire ottoman, fût l'œuvre commune des cinq grandes puissances, et qu'il fût ainsi constaté que, sur cette question générale et de si haute importance, l'accord existait entre elles. C'était la meilleure combinaison pour que la France reprît sa place dans les délibérations européennes. Son gouvernement y était fort disposé; mais il fallait que préalablement tout fût réglé entre la Porte et l'Égypte, et que le traité du 15 juillet eût sa complète exécution, de telle façon que cet acte n'eût plus d'existence réelle.

La France, en s'associant à la conférence qui devait donner à l'empire ottoman les garanties souhaitables pour le repos de l'Europe, différa la signature de ce nouveau traité jusqu'au moment où il fut statué sur les représentations du pacha contre les conditions que le sultan voulait lui imposer. Ses réclamations furent presque entièrement admises, et dès lors sa soumission fut complète.

Un traité entre les cinq puissances fut donc signé le 13 juillet 1841. Il y était stipulé que le sultan, conformément à l'ancienne règle de l'empire ottoman, devrait toujours fermer le passage des Dardanelles et du Bosphore à tous les bâtiments étrangers, tant que la Porte se trouverait en paix.

Cette disposition, exprimée dans le texte du traité, ne laissait plus subsister le traité d'Unkiar-Skelessi. Mais aucun article ne garantissait d'une manière expresse l'intégrité de l'empire ottoman; seulement le préambule s'exprimait ainsi : — « Les souverains, persuadés que leur union et leur accord offrent à l'Europe le gage le plus certain de la conservation de la paix générale, ont voulu attester cet accord en donnant à Sa

Hautesse une preuve manifeste du respect qu'ils portent
à ses droits souverains, ainsi que du désir de voir se consolider le repos de son empire. »

Le fait même de cet accord des cinq grandes puissances, et de l'acte solennel qui le constatait, établissait
comme un principe désormais admis dans le droit public européen que toute question qui intéresserait les
droits souverains du sultan serait désormais traitée en
commun par les grandes puissances.

. Ce denoûment, dont l'importance était bien plus
grande pour l'Europe que le traité de l'année précédente, faisait cesser l'isolement où la France avait pu un
moment se trouver, et rétablissait les bonnes relations
qu'elle avait auparavant.

Le cabinet autrichien avait constamment désiré cette
issue des négociations. Le prince de Metternich y avait
activement travaillé, sachant que le cours naturel des
choses, et l'intérêt bien entendu de l'Europe entière,
poussaient à ce but.

Dès qu'il n'y eut plus de doute sur le succès, M. de
Sainte-Aulaire retourna en France. Depuis huit ans il
était en Autriche, et, quoique cette ambassade convînt
beaucoup à ses goûts, qu'il y fût environné d'une honorable bienveillance et d'une haute considération, elle le
retenait loin de sa nombreuse famille et de la société de
ses amis. Il avait manifesté le désir de quitter la carrière diplomatique, à moins qu'il ne convînt au roi de
le nommer ambassadeur à Londres.

Dans son désir de se retrouver en France et d'y vivre
en repos et en loisir, il avait souhaité d'être de l'Acadé-

mie française. — « Cette espérance me convient parfaite-
ment, écrivait-il à un de ses amis, et me sourit à l'hori-
zon. Dans un avenir qui n'est peut-être pas loin, je
discuterai les articles du dictionnaire plus volontiers que
des notes diplomatiques. » — Le 7 janvier 1841, lorsqu'il était encore à Vienne, il fut élu, comme successeur
de M. le marquis de Pastoret.

Il fut reçu le 8 juillet 1841; son discours fut, comme
tout ce qui sortait de sa plume, facile sans négligence,
élégant sans recherche, ingénieux sans affectation, animé
de nobles pensées, sans efforts ni déclamations. La vie
et les œuvres de M. de Pastoret le conduisaient à parler
des phases successives et diverses de la Révolution, et de
leur influence sur les opinions et les doctrines politiques.
Il traita un si grave sujet avec impartialité et modération, se tenant toujours dans cette ligne qui était la
sienne, et qui s'éloigne également de tout ce qui est absolu ou exagéré.

Après avoir honoré la mémoire de son prédécesseur,
il fut naturellement conduit à dire quel rôle les lettres
avaient eu parmi cette grande perturbation de la société,
quelle place elles occupaient dans la France ainsi renou-
vellée, et quels dangers pouvaient les menacer si elles
se portaient trop vivement vers la politique.—« Ne peut-
on pas craindre, disait-il, que la jeunesse intelligente se
laisse entraîner dans le tourbillon des affaires, que les
études tranquilles soient délaissées, et que les succès littéraires cessent d'être la première ambition des hommes
de lettres? » —Plus loin il disait encore : — « Les nobles
joies que l'échange des idées promet aux intelligences

ont beaucoup perdu de leur douceur depuis qu'aux luttes courtoises des salons ont succédé les combats à ou-
trance de la tribune et de la presse. Sans se décourager
de la vérité, quelques-uns trouvent que c'est la payer bien
cher que de lui sacrifier la paix de l'âme et le charme
des relations inoffensives. » — M. de Sainte-Aulaire espérait avec raison qu'il retrouverait ce charme à l'Académie.
— « Qu'il me soit permis de me rappeler devant vous le
moment où, bien loin de la France, j'appris la précieuse
faveur que vous aviez daigné m'accorder. J'eus peine à
contenir ma joie. Je sentis tout ce qu'une telle distinction
avait de flatteur. Je m'enorgueillis pour mes enfants et
pour moi-même, en pensant que mon nom serait inscrit
deux fois à la suite des grands noms dont la France
s'honore. Mais ce n'est point là surtout ce qui fit battre
mon cœur; ce n'est point pour cette gloire que je me
sentis surtout reconnaissant de votre bienfait. Il me sembla que vous veniez de m'assurer un heureux calme pour
le reste de ma vie. L'Académie m'apparut comme l'arc
en ciel pendant l'orage; je la parais de tous les charmes
de l'activité et du repos, de la gloire et des affections
douces. »

Peu de mois après, M. de Saint-Aulaire fut nommé
ambassadeur à Londres. Il occupa pendant cinq années ce
poste éminent, avec le même succès que ses ambassades
précédentes; il a joui en Angleterre de la même considération qu'à Rome et à Vienne; il y a représenté la France
avec la dignité de son caractère et la distinction de son
esprit. Pendant cette mission il n'eut à traiter aucune
de ces questions difficiles qui auraient pu compromettre

la bonne intelligence entre les deux gouvernements. Le
ministère de sir Robert Peel et de lord Aberdeen venait
de succéder au cabinet qui avait signé sans la France
le traité du 15 juillet, et qui, malgré son empressement
à rétablir les relations amicales, n'avait pas dissipé le
ressentiment et la méfiance de l'opinion française. Ce
nouveau ministère était destiné à être longtemps aux
affaires et à entretenir cette entente qui fut appelée
cordiale. Pendant presque toute la durée de son ambassade, M. de Saint-Aulaire n'eut pas de rapports avec
d'autre ministère : il y eut en diverses occasions des
dissentiments, des mécontentements accidentels, des explications à donner de part et d'autre; mais les deux
gouvernements communiquaient facilement. La simili-
tude de leurs formes constitionnelles, l'analogie qu'un
même degré de civilisation établit entre les deux na-
tions, les rapports personnels que leurs hommes d'État
peuvent avoir entre eux, le désir sincère de maintenir
un accord qui tenait l'Europe en paix, calmaient les inquiétudes passagères et confirmaient de plus en plus
cette bienveillance réciproque. M. de Sainte-Aulaire avait
les qualités qui convenaient pour entretenir cette harmonie ; il avait l'habitude et le goût du mouvement parlementaire. Sa conversation, animée à Vienne par l'esprit
de société, se portait volontiers à Londres sur les intérêts
politiques. Les rapports étaient devenus si fréquents entre les deux pays qu'il y avait peu de différence entre
les salons des deux capitales. D'ailleurs elles sont si
rapprochées l'une de l'autre, le voyage était si prompt

et si facile, qu'il n'était presque point séparé de sa famille
et de ses amis.

Cependant M. de Sainte-Aulaire s'était toujours proposé de passer ses dernières années dans son pays, dans
son intérieur domestique, parmi ses enfants, auprès de
sa mère, qui, malgré son grand âge, conservait toutes
les facultés de son âme. A quatre-vingt-dix ans passés,
ses affections n'avaient point cessé d'être tendres; son
jugement n'était pas moins ferme; son esprit n'était pas
moins présent; sa vie semblait se prolonger pour aimer
son fils. Il se décida à quitter la carrière diplomatique, à
jouir du loisir et du repos, à donner dans sa pensée une
plus grande place aux sentiments pieux qui ne s'étaient
jamais affaiblis en lui : en un mot, à mettre, comme on
parlait du temps de Port-Royal, un intervalle entre la
vie et la mort.

Le changement de ministère et l'injuste irritation excité en Angleterre par les mariages espagnols décidèrent
peut-être le moment de sa retraite. Il a raconté dans
ses Mémoires quelle était alors sa disposition. — « Je me
sentais encore assez d'activité et de force physique
pour fournir quelques campagnes diplomatiques; mais
je réservais à mon pays ce qui me restait de santé et
d'aptitude aux affaires; je n'entendais pas renoncer entièrement à la politique. L'expérience que j'avais acquise
dans ma longue carrière diplomatique me permettait d'espérer quelque influence à la chambre des pairs, quand
je reparaîtrais à la tribune dont je n'avais pas tout à fait
perdu l'habitude; je comptais sur la bienveillance et
croyais avoir assuré à ma vieillesse « otium cum digni-

tate, » dernière condition du sage. » Après avoir dit quels projets et quelles espérances il avait formés pour sa vieillesse, il ajouta : — « Vanité de la prévoyance humaine ! »

Il avait quitté son ambassade en 1847; six mois après survenait la révolution de 1848. Quelques passages d'une lettre qu'il écrivait peu de semaines après la catastrophe témoignent de l'état d'esprit où elle le laissait.

— « Nous avons en arrière quarante années de sympathie dans la vie active, et nous en sortons en même temps avec des sentiments pareils. Que de choses nous avons vues et faites ensemble ! carrières administrative, parlementaire, diplomatique, nous ont été communes : il nous reste l'Académie..... Je ne crois pas à la durée de la république; sans doute, après de longs orages, le vaisseau sera poussé dans un port, peut-être en des terres inconnues; en attendant il faut se résigner au mal de mer. »

Il se sentait découragé, et parfois, jetant un coup d'œil sur le passé, il concevait du doute sur telles opinions qu'il avait professées; il se reprochait ses illusions; mais comme ses intentions avaient toujours été pures et désintéressées, il éprouvait non pas du repentir, mais de la tristesse. — « Quoi qu'il arrive, disait-il, j'ai dit un dernier adieu à la politique active. »

Mais son esprit n'avait rien perdu de sa vivacité; il avait besoin de lui donner un emploi, et son intelligence ne pouvait rester oisive. — « Je déteste le présent, j'espère peu de l'avenir; mais j'aime à revenir sur le passé, et je m'en occuperai tout le temps que Dieu me laissera sur la terre. Ne faites-vous pas quelque projet semblable? Il me semble que mes Mémoires pourraient former une histoire de la diplomatie sous le dernier règne. J'ai déjà commencé ce travail par l'Italie. Le bouleversement de février m'encourage à continuer ma besogne. Les événements de notre époque seront odieusement travestis si nous les livrons à l'appréciation des nouveaux hommes d'État. »

Déjà il avait écrit quelques notices sur des personnes de sa famille; il ne les destinait point à la publicité; elles étaient écrites pour ses enfants, afin de conserver les traditions héréditaires. Comme tableaux de mœurs, comme peinture de la société française avant la Révolution, et de l'esprit qui y régnait, ces notices sont une lecture instructive et agréable.

M. de Sainte-Aulaire ne s'était point trompé en comptant sur l'Académie pour charmer et occuper ses vieux jours; elle lui devint un intérêt continuel. Il était assidu aux séances; son caractère bienveillant et aimable, sa parfaite politesse lui avaient conquis l'amitié de ses confrères. Il s'acquittait avec goût de tous les devoirs académiques; il prenait part à toutes les discussions, et, pour parler plus exactement, aux conversations où, conformément aux habitudes et à la tradition de l'Académie, les opinions, quelque différentes qu'elles soient, s'expliquent avec de mutuels égards, comme entre gens de bonne compagnie. Dans les commissions chargées d'examiner les ouvrages présentés au concours, il en prenait scrupuleusement connaissance, et, lorsque l'Académie délibérait pour donner le prix, il les analysait avec finesse et clarté.

En 1849 il fut chargé, commé directeur, de faire le rapport sur les prix de vertu. Après avoir donné de justes louanges à la pensée de M. de Montyon, qui avait voulu que ces prix fussent exclusivement réservés aux Français pauvres qui se signaleraient par des actes charitables; après avoir remarqué que le bienfaisant testateur avait, comme l'Évangile, évalué l'aumône du denier de la pauvre veuve au-dessus des dons que le riche prélève sur son abondance, M. de Sainte-Aulaire remarquait qu'il n'est pas à dire pour cela que la charité n'existe pas dans le cœur des riches. — « Cette vertu, disait-il, fleurit dans tous les rangs de la société civile. Dieu a voulu qu'aucune des conditions de la vie ne fût exempte d'épreuves et de souffrances; mais à côté de chaque infortune, il a marqué la place de la bienfaisance. Le nombre des malheureux qui souffrent n'est pas plus grand que le nombre des cœurs généreux qui consolent. »

Cette pensée le conduisait à rendre un juste hommage qu'accueillirent d'unanimes applaudissements.— « Il doit être permis de le dire, le riche ne s'est jamais plus occupé du pauvre que pendant les dernières années de la monarchie. Les plus augustes exemples nous enseignaient la bienfaisance, et trouvaient partout des imitateurs. Pendant près de vingt ans, nous avons vu un ange de charité sur le trône ne chercher d'autres distractions aux soucis du rang suprême que le bien qu'elle pouvait faire. Aujourd'hui Marie-Amélie n'est plus entourée par

le prestige des grandeurs humaines; mais je ne crains
pas qu'une voix s'élève pour me démentir si je dis que
personne ne l'a jamais implorée sans en recevoir un
bienfait, que personne n'a pleuré devant elle sans voir
des larmes dans ses yeux. Ceci n'est pas une digression ;
je crois être dans le cœur de mon sujet quand, ayant à
parler de malheurs et de bienfaisance, je rappelle Marie-
Amélie. »

Cependant M. de Sainte-Aulaire poursuivait la tâche
qu'il avait entreprise ; il travaillait à ses Mémoires, au
récit des affaires qu'il avait traitées, des négociations
qu'il avait conduites, des circonstances où il s'était
trouvé dans ses ambassades. Déjà il avait écrit les ambassades de Rome et de Vienne. Il ne destinait pas ses
Mémoires à une publicité actuelle ; bien qu'il ne révélât
aucun secret d'État, aucune intrigue ignorée; bien qu'il
appréciât les personnes avec bienveillance plutôt qu'avec
sévérité, il ne croyait pas convenable de parler à la génération vivante de ce qu'il avait observé ou appris dans
la position officielle où l'avait placé la confiance de son
gouvernement; mais il crut pouvoir sans indiscrétion en
lire des fragments dans les séances particulières de l'A-
cadémie. Ceux de ses confrères qui ont entendu cette
lecture peuvent promettre à la prochaine génération le
même plaisir que goûtèrent les lecteurs qui virent paraître les correspondances ou les Mémoires restés ma-
nuscrits pendant le règne de Louis XIV, et qui apprirent
ainsi à connaître d'une manière plus exacte et plus vivante une époque peinte jusqu'alors d'après les apparences extérieures ou officielles, ou jugée par des histo-

riens prévenus ou mal informés. Les Mémoires de M. de Sainte-Aulaire ne sont pas sans quelque rapport avec la manière du XVIIe siècle. Ils ont l'attrait du naturel, de la facilité, de la sagacité d'observation ; on peut en dire ce que Montaigne dit d'un historien qui, du reste, a peu d'analogie avec M. de Sainte-Aulaire : — « Ils représentent l'homme de bon lieu élevé aux grandes affaires. »

Ainsi se passait la vie de M. de Sainte-Aulaire, telle qu'il l'avait souhaitée et préparée : une honorable retraite ; une famille nombreuse unie autour d'un père qu'elle aimait et respectait ; une société d'anciens amis ; le loisir et l'occupation ; un esprit toujours raisonnable et modéré, que l'âge et l'expérience avaient rendu calme et sage sans diminuer la vivacité des impressions ; une piété éclairée et pratique qui lui donnait la paix de l'âme.

C'est au milieu de cette douce situation que le malheur vint le frapper cruellement. Sa mère, qu'il avait toujours tant aimée, qui tenait tant de place dans sa vie, était parvenue à l'âge de quatre-vingt-dix-huit ans ; il devait craindre de ne la point conserver longtemps ; mais il semblait que son âme ne vieillissait pas. Lorsqu'elle s'éteignit, veillée par sa belle-fille dont les soins lui étaient doux et chers, elle avait voulu épargner à son fils de douloureuses impressions : elle s'était cachée de lui pour mourir. Le coup n'en fut pas moins rude. — « Je ne vois pas trop ce qui me reste à faire dans ce monde, écrivait-il ; c'est à présent à mon tour d'en sortir. Dieu me préserve d'avoir d'autre perte à subir dans ma famille. »

Cette nouvelle douleur ne lui fut pas épargnée. Trois mois après il perdait sa fille, Mme de Langsdorff. M. de Sainte-Aulaire n'avait plus assez de force pour soutenir tant de malheur ; il tomba malade ; puis il y eut un peu de mieux. Mais il se sentit frappé. — « Je viens d'être très-souffrant, écrivait-il, et je le suis encore. Je me désole d'ajouter aux préoccupations de ma pauvre famille, qui en a déjà tant : je n'ose lui répondre qu'elle soit au bout. Je crois cependant qu'un triste spectacle plus ou moins prolongé est tout ce qu'elle a à craindre pour cette fois et qu'il y a encore de l'huile dans la lampe ; mais il ne faudra pas un fort coup de vent pour l'éteindre. »

Toutefois, aucun symptôme grave n'inspirait de vives inquiétudes à sa famille ; elle le croyait seulement menacé d'infirmités communes à la vieillesse ; l'abattement qu'on remarquait parfois en lui était trop justifié par les douleurs de l'âme. Il n'était pas alité, et retrouvait souvent la forte et aimable liberté de son esprit. L'abbé de Beauvais, son ami, vint le voir à Étioles dans les premiers jours de novembre. Cette visite fut pour M. de Sainte-Aulaire une grande joie, et devint bientôt une précieuse consolation pour sa famille.

En voyant l'hiver approcher, les médecins conseillèrent à M. de Sainte-Aulaire de revenir à Paris pour y être plus à portée de leurs soins. Le 10 novembre il quitta Étioles avec sa femme et deux de ses enfants. Le voyage se fit si bien qu'il put lire tout haut dans le chemin de fer quelques pages du discours de son pieux ami, Mgr. l'évêque d'Orléans ; il arriva chez lui sans trop de fatigue, et les médecins ne lui trouvèrent point de fièvre. Le 12 il vit son plus intime ami, le duc de Broglie, qui le quitta sans concevoir la moindre inquiétude.

Ce fut à la fin de cette journée que l'état de M. de Sainte-Aulaire changea subitement ; avant minuit, une crise violente et inattendue l'enleva à tous ceux qui l'aimaient si chèrement et si justement.

C'est ainsi que se termina la vie d'un des hommes les plus honorables, les plus distingués et les plus aimables de son temps.

Il avait placé son bonheur sur les affections de famille et sur la sympathie de ses amis, non point sur le faste des distinctions sociales, ni sur les succès politiques et littéraires ; il désira que sa mort fût solennisée seulement par les prières de l'Église, à laquelle il avait été, pendant toute sa vie, attaché par la foi et l'obéissance. Aucun discours n'interrompit les pleurs de sa famille et des pauvres réunis autour de la tombe où il repose dans le cimetière d'Étioles.

FIN.

9 782014 060829